*State and Economy in Republican China*

*A Handbook for Scholars*

Harvard East Asian Monographs 193

*Supported by*

The National Endowment for the Humanities

The Chiang Ching-kuo Foundation for International Scholarly Exchange

The Fairbank Center for East Asian Research, Harvard University

The Institute of Modern History, Academia Sinica, Taiwan

# *State and Economy in Republican China*

## *A Handbook for Scholars*

*Edited by*

William C. Kirby    Man-houng Lin

James Chin Shih    David A. Pietz

Volume 2

Published by the Harvard University Asia Center
and distributed by Harvard University Press
Cambridge (Massachusetts) and London 2000

Printed in the United States of America

The Harvard University Asia Center publishes a monograph series and, in coordination with the Fairbank Center for East Asian Research, the Korea Institute, the Reischauer Institute of Japanese Studies, and other faculties and institutes, administers research projects designed to further scholarly understanding of China, Japan, Vietnam, Korea, and other Asian countries. The Center also sponsors projects addressing multidisciplinary and regional issues in Asia.

Library of Congress Cataloging-in-Publication Data

State and economy in Republican China : a handbook for scholars / edited by William C. Kirby . . . [et al.]
p. cm. -- (Harvard East Asian monographs ; 193)
Includes bibliographical references.
ISBN 0-674-00367-5 (cl : alk. paper) -- ISBN 0-674-00368-3 (pbk. : alk. paper)
1. China--Economic conditions--1912-1949--Sources. 2. China--Economic conditions--1912-1949--Archival resources. 3. China--Commerce--History--20th century--Sources. 4. China--Commerce--History--20th century--Archival resources. 5. China--History--Republic, 1912-1949--Sources. 6. China--History--Republic, 1912-1949--Archival resources. 7. Archives--China. I. Kirby, William C. II. Series.

HC427.8.S73 2000
338.951'009'04--dc21 00-049855

Printed on acid-free paper

Last figure below indicates year of this printing
10 09 08 07 06 05 04 03 02 01

*Assisted by*

Shiwei Chen Hongmin Liang

Jinbao Qian Hong Sun

Michael S. Weiss

# CONTENTS

## *Part I Introduction*

# VOLUME 2

## Part IV Documents

*State and Economy in Republican China*

*A Handbook for Scholars*

# Part IV

# DOCUMENTS

# Chapter 26

# DOCUMENTS ON WU YUNCHU'S ENTERPRISES

# 吳蘊初企業檔案

Documents on Wu Yunchu's Enterprises
吳蘊初企業擋案

## Document 1. The Authorized Regulations of the Tien Yuen Electro-Chemical Works Co. Ltd.
天源電化廠股份有限公司奉准章程

### 第一章　　公司

一、　本公司定名為天原電化廠股份有限公司。
二、　本公司已蒙國民政府財政部核准，以鹽制造鹽酸、漂粉及燒鹼，在試辦期內免納鹽稅。
三、　本公司工廠設于上海白利南路，用電解法制造鹽酸、漂粉及燒鹼。
四、　本公司存立年限暫定三十年，但得由股東會議決展期。
五、　本公司布告方法除函告外，并登載于上海最著名之報紙公告之。

民國十八年十月二十一日

# 工商部訓令　上海天原電化廠

| 事由 | 擬辦 | 決定辦法 | 備考 |
| --- | --- | --- | --- |
| 准財政部咨復關於該廠所用鹽斤請免稅一案令飭知照由 | | | |
| 附件 | | | |

訓令　字第　號

年　月　日　時到

收文　字第　號

# 工商部訓令

商字第13005號

令上海天原電化廠

為令知事案查前據該廠呈以新購機器增加用鹽數量請轉咨財部將增用鹽斤繼續免稅等情經據情咨請財政部核辦批示知照在案茲准財政部咨復內開查天原電化廠原料用鹽年額一萬四千六百担前經核准免稅一年有案近據該廠以所裝機械能力較大需鹽較多呈請增加用鹽年額三萬四千担援例免稅當以所稱增加機器能力是否屬實令飭松江運副詳查具復旋據該運副復稱該廠現裝機器共電槽為一百二十六只惟已裝電槽現僅四十只其餘八十六只須六個月內始能裝齊等情本部以該廠用

盐免税一年之案係十七年十一月核准已閱年餘該廠近據安邱試办其出
品是否優良銷場能否暢旺均難預計至請增加用盐數目原為增進機器
能力之故照目前電槽尚有八十只須俟六個月方能裝齊則請增用盐數目
自可從緩經令飭該運副轉飭該廠俟全部機器裝齊後檢同出品呈送
察驗如果成效確係優異再行核办至案前准前因相應將办理經過情形
咨復查照等因准此合行令仰該廠知照此令

Document 3

財政部批　鹽字第一三二四七號

批天原電化廠

事由：核准該廠增加工鹽用額每年二萬八千五百六
十市担連前合共每年拾弍萬市担仍向淮北
配運仰即知照由

二十六年三月二十二日呈一件為新電槽裝設完竣請
迅賜核准增加工鹽用額由

呈悉。該廠添裝電槽四十架，業經前松江稽核
分所勘明屬實，當經鹽務總局轉報到部，覆核無異，
所有該廠請增工鹽用額每年二萬八千五百六十市担，

連前合共每年拾弍萬市担，應予照准，仍向淮北配運，除指令鹽務總局轉飭松江兩淮兩管理局遵照外，仰即知照。此批。

中華民國二十六年五月十八日

部長 孔祥熙

政務次長 鄒琳代拆代行

## Document 4. Tien Yuen Electro-Chemical Works' Petition to the Ministry of Industry for a Tax Exemption
## 天原電化廠致實業部呈文

具呈人天原電化廠股份有限公司

呈為復請准免出品稅，陳明緣由，仰懇俯賜查照前呈請求之奬勵辦法予以核准事。奉本月二十一日鈞部工字第一九九三號批開：呈悉。查此案前據奬勵工業審查委員會審查報告：該廠所製鹽酸、燒鹼、漂白粉三種出品尚屬純淨，除出品一項尚未推銷至外埠毋庸免税外，所有原料用鹽擬准繼續免税一年，其免税鹽量全年應以若干擔為限，由財政部定之。等語。當經本部複核，准如所擬辦理，并咨請財政部查照辦理在案。據呈前情，應俟財政部咨複到部后，再行飭遵，仰即知照。此批。等因。奉此。伏查敝公司所制鹽酸、燒鹼、漂粉等出品，因尚未奉核准免税明文，故不易推銷外埠，并非外埠無此需要，或出品不多無力推銷外埠。近如漂粉之運銷杭州三友實業社，鹽酸之運銷京滬沿線蠶種改良場及中央工業試驗所，其他南北各埠來函承銷者，更不一而足，均因捐税問題，深感為難。且機械全部開齊，每月可產鹽酸五千余箱、漂粉二千余箱、燒鹼二千四百余擔，亦非在上海市場之中所能完全消納，苟不向外埠疏通，將有供過于求之虞。故特陳明緣由，複請准免出品税，并懇俯賜查照前呈請求之奬勵辦法，予以核准。奉批前因，理合具文呈請鈞部鑒核施行。謹呈

實業部

天原電化廠股份有限公司
中華民國二十年八月　日

Document 5. The Ministry of Industry's Directive to the Tien Yuen Electro-Chemical Works
實業部致天原電化廠令
工字第3446號

令天原電化廠股份有限公司

為令行事。查該公司呈請將所製造鹽酸、漂白粉、燒鹼三種出品援照特種工業獎勵法核給獎勵一案，除原料用鹽業經本部咨准財政部核定，准將未運余餘鹽展長一年免稅并令行知照外，關于專制權出品免稅暨減運輸費各節，復經根據獎勵工業審查委員會複審結果，准予出品免稅一年，專制權及運輸費兩項均毋庸議，咨請財政部辦理各在案。茲准財政部關字第二四五四九號咨覆節稱：該公司所製之鹽酸、漂白粉、燒鹼三種出品應予特准免稅一年，即自二十一年一月一日起扣至是年十二月底為止。等因。准此。合行填發特字第九號執照一紙，仰即具領呈報備查。此令。

附發執照一紙。

中華民國二十年十二月卅日

孔祥熙

## Document 6. Tien Yuen Electro-Chemical Works' Petition to the Ministry of Industry (Draft)
## 天原電化廠致實業部呈文〔稿〕

呈為呈請准將國營交通運費運輸期限瞬已屆滿，懇請賜予續減若干年，咨商交通、鐵道部核定，以利國貨運銷，而維工業生存事

竊查公司太極商標鹽酸、燒鹼、漂白粉三種出品，曾于去年依照特種工業獎勵法呈請獎勵，仰荷鈞部核准國營航輪運輸減半收費暨鐵路運輸減低一等收費各一年在案。茲查航輪半費期限已滿，鐵路減低一等收費之期亦將屆滿。近以工商業之不景氣益甚，外貨傾銷之競爭益烈，公司出品之價一跌再跌，受創頗深，且行銷外埠，輒以運費綦昂，重受阻礙，故不借政府之維護，實難掙扎以圖存。所有懇請續展獎勵緣由，理合具文呈請鈞部鑒核，伏乞賜予咨商交通、鐵道兩部，准將繼展減低國營交通運輸費續減若干年，以利國貨運銷而維工業，實為公便。謹呈。

實業部

民國廿二年十二月廿一日。

## Document 7. The Ministry of Industry's Reply to the Tien Yuen Electro-Chemical Works' Petition
## 實業部致天原電化廠批文

原具呈人天原電化廠股份有限公司

呈一件。請准將國營交通事業運輸費續減若干年，以利運銷由

呈悉。已依據獎勵工業審查委員會審議所擬獎勵方法，分咨鐵道、交通兩部核辦。茲准鐵道部業字第三零二四號咨開：案准貴部工字八九九一號咨據獎勵工業審查委員會第十九次會議議決，擬將天原電化廠所制鹽酸、燒鹼、漂白粉三種出品，均准續減鐵路運輸費一等，以一年為限，請查核辦理，并將減等起訖日期見覆。等由到部。除通令各路將該廠出品自本年四月一日起至二十四年三月三十一日止照分等表原定等級各減低一等以示提倡外，相應咨覆、即希查照。等由。准此。除航輪運輸費俟交通部咨覆后再行通知外，仰即遵照。此批。

中華民國二十三年三月二日

部長陳公博

## Document 8. The Ministry of Industry's Notice to the Tien Yuen Electro-Chemical Works
實業部致天原電化廠通知
工字第9332號

通知天原電化廠股份有限公司

查該公司呈請續減國營交通事業運輸費一案，前經本部將鐵道部咨覆各節批飭知照在案。玆准交通部第二七三號咨內開：案准貴部工字第八九九一號咨送天原電化廠出品續減運費一案，請核辦見覆，等由，附審查報告書，到部，當經本部令行國營招商局遵照在案。玆據招商局總經理劉鴻生呈稱：查該廠出品鹽酸、燒鹼、漂白粉三種運費減收半價以一年為限，本局輪船係于二十二年三月份開始裝運。現在既須繼續一年，自當于本年三月一日起至二十四年二月底止為有效期間。惟本局對于裝運危險物品，定有辦法兩條，須由原裝貨人依照該項辦法，并經覓具殷實商號作保，方可承運。該天原電化廠應將該項手續辦妥后，始可繼續承運。奉令前因，理合抄附裝運危險物品辦法兩條，呈請鈞部轉咨實業部令飭遵照辦理。等情。據此。除指令外，相應照抄原送辦法一份，咨請貴部轉飭遵照辦理。等由。准此。合行抄發原辦法，仰即遵照辦理。又特種工業獎勵執照，應貼印花一元五角，并仰補繳，以便填發執照。特此通知。附抄辦法一份。

中華民國二十三年三月十日

部長陳公博

Document 9. Letter from Wu Zhaohong to Wu Yunchu
吳兆洪致吳蘊初函1943 年 5 月 8 日
(中華民國三十二年五月八日)

蘊初先生大鑒：

關于天原電化廠由會以六百萬元收購一萬七千三百股參加合辦一事，本會已在籌辦，短期內即可付款。惟為便查考起見，擬煩將天原廠現任董監事姓名、組織章程連同最近資產負債表一份檢送過會，以資存案為荷。耑此奉懇。

敬頌

籌安

吳兆洪敬上
五月八日

**事由**：為本會在歷次美貸案內截至三十三年底止動支購料款業經核算完竣檢奉清單一紙希核對見復由

**擬辦**：特渝[illegible]

**批示**：

**附件**：如文

資源委員會代電

資 財

中華民國 年 月 日

天原電化廠鑒查本會在歷次美貸項下動支[illegible]
比部份業經編列預算呈奉行政院轉奉國防最[illegible]
准追加在案因於在上列年度內各廠礦動支美款并經本會材料供應事務所
根據世界貿易公司所送各年年報分別核算完竣此項動支數額亟宜清理附

收文 字第 號

帳以資結案相應檢奉西川[illegible]氣製造公司繳文清單一份即希查收核对並將

領料情形列帳辦法及列帳時準字號見復以便彙辦銷帳手續為荷

資源委員會午蔡（附清單一份）

奉

委員長諭限明年一月底以前擬定本會三年

計劃等因請就

貴廠已有基礎或原定計劃作較切實際

之詳盡計劃書三份于一月十日以前寄達本

組彙編呈核為荷此致

天原電化廠

資源委員會業務委員會化工組啓 十二、十三、

資源委員會用牋

歸檔：　　字第　　號

# 天原電化廠股份有限公司 發文稿

| | |
|---|---|
| 收文機關或個人之名稱 | 蘇浙皖區敵偽產業處理局結束辦事處 |
| 文別 | 函 |
| 附件 | 無 |
| 事由 | 為請示本廠承購敵遺收歸國有物資應繳金額並核以便繳付而資結束由 |
| 擬稿 | [illegible] 二月七日 |
| 核定 | 安洽 二月七日 |
| 繕正 | [illegible] 二月七日 |
| 封發 | [illegible] 二月八日 |
| 發文字號 | 原36字第50號 |
| 遞寄辦法 | 送 |
| 有關收文字號 | 字第　號 |

發文日期：中華民國36年2月8日　時

敬啟者：案查去年十月間接奉 鈞局滬丙字第50226號通知，以敝廠內敵遺收歸國有物資業經評定價格，統計國幣弍億捌仟陸佰零捌萬捌仟弍佰元，抄附估價單囑剋日到局繳款等由；當因單列物資有不能承購各項，並於十月十五日以原35字第394號

函陳明要點，附不能承辦物資請予壹併送請 鈞詧，迄今未蒙 賜覆，
并以為日已久，特再函達，敬請 參照前函及附件，將不能
承辦部份除去後，對於應行撤付之承辦部份價款數額，
賜予 示知，以便撤付，而資結束，至紉公感。此致
蘇浙皖敵偽產業處理局結束辦事處
（本公司蓋章）謹啟 36.5.8.

# Chapter 27

# DOCUMENTS ON LIU HONGSHENG'S MATCH ENTERPRISES

# 劉鴻生企業檔案

## Documents on Liu Hongsheng's Match Enterprises
## 劉鴻生企業檔案

### Document 1. Letter from Liu Hongsheng to Chen Yuanlai
### 劉鴻生致神户合昌號陳源來函

弟自前年遊歷歐美回來，鑒于美國聯合事業之發達，與夫吾國火柴業之不振，以為欲圖發展，必須同業聯合起來，作大規模之製造，方能有成功之望。是以于十七年秋間，提議合併，當經討論委員會將合併大綱議決。嗣因各方意見未能盡同，遂致中止進行。近來瑞典火柴侵略益甚，吾國同業岌岌可危。新近全國同業曾在滬開聯合大會，籌議抵制之策。弟因之益覺合併之不容或緩，曾于上月二十七日致書伯藩先生，重提舊案，請繼續進行，先生或已得伯藩先生報告矣。弟自經商以來，邀天下之幸，所事尚覺順利。火柴僅屬經營各業中之一種，斷無借此以便私圖之心，亦無壟斷火柴業之欲望。所以欲提議合併者，亦從大處遠處著想，為大局謀利益耳。故深愿先生將此問題細加考慮，惠予贊同，俾合併得以早日實現，樹穩固之基礎，以與瑞商相抗，則幸甚矣。

中華民國十九年一月三日

## Document 2. Letter from Chen Yuanlai to Liu Hongsheng
陳源來自神户復劉鴻生函

捧讀台函，　悉壹是。　祇際此商戰劇烈時期，　資愈厚者力愈洪，　凡百事業不有巨大之聯合，即無以求進展而圖存立。火柴為民生日用必須之品，　而我國是項工業迄尚幼稚，　實緣資本既薄，　且又分立各不相謀，　欲與外人頡　，　自無希望。　可知偉見擬仿歐美聯合事業辦法，　概然發起火柴廠合併事業，　已得熒昌等廠贊成，　高謀勝算，　為火柴同業計，　且為利國福民計，　光明正大，　欽佩無既。　弟對此舉，　當然極表同情，深愿我全國經營火柴同業，　一德一心，　力謀聯合之方，　共籌抵制之策。　所有尊擬合作大綱，　敬乞付眾討論，　細密斟酌，　務期妥協一致，　使能于最短時間，　促成實現，尤所欣幸。　敝處擬派伯藩及陸兆麟兄二人代表，　趨前候教，　即請賜與接談是荷。耑此佈復。

中華民國十九年一月二十五日

## Document 3. Letter from Jia Shiyi to Liu Hongsheng
國民政府財政部司長賈士毅致劉鴻生函

火柴文件，董君尚未寄到，惟前見報載火柴聯合會主張之各項公賣辦法，及公賣大意，以略得梗概。當即參照各國專賣通例及吾國現情，並酌採聯合會主張，擬就草案二份：

一、火柴專賣辦法大綱，係關于專賣全部辦法；

一、委托火柴公會賣買章程，係政府與公會之權責關係。

後者較前規定稍為具體，以與公會利害有密切之關係也，均于各條下加以說明。其權責細目，將來政府尚須與公會另訂合同，此時似不必列舉。茲抄奉前項草案二份，即乞查照。……至公賣字樣，似尚待斟酌，因國內同業獨占賣買顯與瑞典及法國商約抵觸，不如仍以政府名義專賣，則于解釋上較易措詞，交涉亦有轉旋之餘地。附奉瑞典及法國商約內關于商業獨占條文各一條，率陳臆見，統祈酌奪為荷。

中華民國十九年年一月二十一日

Document 4. Appendix A: Outlines of the Conditions Governing the Match Monopoly (extracts)
(附一) 火柴專賣辦法大綱 (摘錄)

第一條 火柴之賣買權， 專屬于政府。
說明 此條規定火柴賣買權之所屬， 以為專賣之根本。

第二條 火柴賣買權之執行， 屬于政府所設之主管火柴官署。 但關于火柴之行銷事項 （關于調查平價等） 得由主管官署招商組織火柴公會經理之。
說明 此條規定招商組織公會， 即為公司包賣制。

第三條 火柴公會承辦火柴之行銷， 受政府主管官署之監督。 其公會與政府間之權利， 義務另定之。
說明 此條規定由政府監督， 係官督商辦之意。

第五條 火柴之製造， 應由政府自行設廠。 在政府未經設廠以前， 或設廠而供不應求之時， 得委托國內商廠代政府製造， 但以現有各廠為限。
說明 此條先規定由政府設廠以為將來自行製造之張本， 其委托製造各廠， 在條文中用但書規定， 以表示其為暫時辦法， 並非永久委托製造之意。

第六條 商人輸入本大綱第五條政府委托製造以外之火柴入國內， 在進口第一海關時， 應盡數寄存入海關附設之政府指定倉庫， 政府得酌量市場需給情形，按照輸入先後次第，以不超過前年之平均價格， 令由火柴公會收買之。但輸入至供過于求時， 商人不得要求政府收買。倘輸入商人將貨存入後，欲提出轉運他國銷售時， 得免其倉庫費而許可之， 其進出搬運之費，由各該輸入商擔負之。
說明 此條規定收買輸入火柴方法，但輸入火柴之收買須有限制， 否則源源而來收之不盡，國貨銷路即不易保持。然通商條約未經改正， 不能明白禁止其輸入， 茲以酌量需給情形， 按照輸入次第收買， 以為暗中限制， 亦不得已之法也。

Document 5. Appendix B: Temporary Regulations Granting the Match Trade Association Monopolistic Rights (extracts)
(附二) 委託火柴公會賣買火柴暫行章程 (摘錄)

第一條 政府因施行火柴專賣， 得照專賣辦法大綱第二條， 招商組織火柴公會，經理承銷全國火柴之行銷事項。
說明 火柴公會全國只准有一總會， 因即由此總會經理包銷， 即不能有一個以上， 若不如此， 恐有競銷等事。專賣制即不能成立。

第二條 政府對于火柴公會， 得照專賣辦法大綱第三條， 隨時派員監督公會一切事務。
說明 專賣之權原屬政府， 委托公會經理乃係暫行辦法， 故宜派員監督之。

第三條 火柴公會有承銷國內火柴之權。
說明 此條規定公會之權利。

第四條 火柴公會對于火柴主管官署之命令， 有服從之義務。
說明 此條規定公會之義務。

第五條 火柴主管官署得隨時檢查火柴公會之帳目， 倉庫及其他一切事務。
說明 此條規定主管官署對于公會之權能， 免致將來發生爭議。

第六條 關于專賣辦法大綱內之火柴發賣事項， 由火柴公會辦理。 其關于製造，收買及行政各事項， 除由政府委託外， 概由政府辦理。
說明 此條規定公會及政府之權利。

第八條 火柴公會對于專賣辦法大綱內所有政府應設之火柴倉庫， 應由公會設立，其費用由公會負之， 但公會承辦期滿時， 得由政府估價收回。
說明 此條因賣買既由公會承包， 故儲存火柴之倉庫， 亦應由公會設備。

第九條 火柴公會對于政府委托制造火柴之資金， 及輸入火柴之收買價金， 均應負墊款之義務。
說明 此條蓋亦公會義務之一。

第十一條 火柴之專賣價格， 概由主管官署定之。
說明 專賣價格為專賣之根本，關係國庫收入，故須由主管官署核定。

第十二條 招商組織火柴公會， 以十年為期， 其權利， 義務之細目， 以協商法用合同定之。

說明　既云招商承辦須雙方同意，故採協商法以訂合同。

第十三條　火柴公會對于政府專賣稅純益中（即將賣價中，除去收買原價及委托製造原價），應得百分之三十以為報酬，其公會內之一切開支，由公會于報酬內支給之。

說明　公會報酬為本大綱中所最難解決之問題，多予之則有損國庫，少予之則艱于承辦，玆假定十分之三，以待討論。

第十四條　政府于專賣純益中除以三成酬火柴公會外，再提三成為改良火柴事業之用，其餘由政府支配。

Document 6. Appendix C: Chinese-Swedish Treaty (extracts concerning monopolies)
(附三) 中瑞條約中與專賣有關之條文

第十五條 廢止行商之獨占的貿易： 從前在廣東境內所有得政府許可之行商人， 始得為外國貿易， 其制度廢止之。 故瑞典諾威國臣民從事于輸出入品之賣買， 對于清國臣民間貿易， 應無所區別， 亦不受新限制， 不得有獨占行為，或其他有害之限制，阻礙瑞典諾威國臣民之營業。

(按此約于一八四七年三月二十日在廣東訂定， 同年十月二十八日批准)

Document 7. Appendix D: Chinese-French Treaties (extracts concerning monopolies)
(附四) 中法條約中與專賣有關之條文

第十四條 廢止有特權之商事會社及獨占業： 自今以後在清國境内， 凡有特權之商事會社， 無論何種， 不得設置， 對于商業， 亦不得有以獨占為目的之團體。

查國民政府前此條約， 只關稅一部份舊條約廢止。 前項商約， 並未作廢， 仍繼續有(效)， 并此注明。

(此約于一八五八年在天津 訂定， 于一八六零年十月二十五日在北京批准交換)

## Document 8. Letter from Lu Hongji to Liu Hongsheng
國民政府財政部陸鴻吉致劉鴻生函

國內火柴專賣一節，前抄送美領事函稿一件，因未達覽，茲遵囑補抄一份附奉，即希察閱為荷。是項專賣問題，據敝司長意見，有二點須事前注意：

一，關于改正條約，外交方面能否進行順利，須視外交當局之努力如何。

一，官商如能推誠合作，固易達到目的。但若將來政局變更時，另換一班人物，能否合作到底，亦系問題，且恐商家有受官力壓迫之慮。

以上所慮，吉亦頗以為是。但須慎之于始，或不至發生困難耳。

(附) 陸鴻吉所抄美領事關于專利抗議文件：

專利一事，關係美僑商業權利，實與約章有違，且中美第一次訂約時，即有明文規定，禁止專利。茲將一八四四年中美所訂條約第十五條，節錄如下：

所有合眾國人民，販貨進口、出口，均准其自與中國商民任便交易，不加限制，以杜包攬把持之弊。

又中法天津條約第十四條，對于專利之事，亦有禁止。故前次本署覆函內，對于福建省政府以專利為賦稅之一部，實屬侵占各國條約權限一節，已申請貴特派交涉員注意，並請轉告當局，若長此擅用專利之權，勢必引起國際糾紛也。

中華民國十九年一月

Chapter 28

# DOCUMENTS ON RONG ZONGJING'S TEXTILE ENTERPRISES

榮宗敬企業檔案

## Documents on Rong Zongjing's Textile Enterprises
## 榮宗敬企業檔案

### Document 1. Letter from Rong Zongjing to Ye Chucang and Ma Chaojun
### 榮宗敬致葉楚傖，馬超俊函

吾國實業本在萌芽時代， 近年受時局影響， 紡織業所受痛苦， 視他業為尤甚。 蓋戰事頻仍， 則產額減少， 交通阻梗， 則銷路呆滯， 花貴紗賤， 事勢使然， 無可避免。 查在年豐時， 吾國產棉供華廠用者僅有半數， 其余悉取給于國外。 今年印度， 美洲產額驟減， 棉價繼長增高，難保無貪圖重利， 採辦華棉， 接濟外商。 華商既受時局之影響， 再感棉荒之痛苦， 萬一廠家不能維持因而停業， 則數萬工人之生活將何所恃? 其影響于社會夫豈淺鮮?用特函達公端， 可否請政府明令禁止華棉出口， 俾垂絶之實業得以苟延， 工商前途實利賴之。

中華民國十六年八月二十三日

## Document 2. Letter from Rong Zongjing to Ma Chaojun
榮宗敬致馬超俊函

敝公司申新紡織廠出品有三十二支、四十二支雙股線， 四十支細紗， 每月可出一萬二千餘件， 現銷南洋、 新加坡等處。 自抵制日貨後， 敝公司出品頗得國人之歡迎。 閣下注意國民經濟， 于國貨作精密之統計， 若再能減輕稅厘， 便利交通， 當無求過于供之慮。總之， 抵制不能徒托空言， 宜以提倡為抵制， 國貨能推行有利， 外貨自抵制于無形， 諒高明亦以為然也。 再有請者， 貴省行銷外粉， 為數之巨， 至可驚人。前承閣下暨當局諸公設法徵收外粉進口稅， 冀減少輸入， 惠我華廠， 實非淺鮮。現平、 津兩市府亦已曉諭商民， 禁銷外粉， 是以華粉銷路日有起色。 還望閣下始終予以維護， 俾華粉得以暢銷， 外粉無由侵入。

中華民國十七年八月

## Document 3. Letter from Rong Zongjing to Ma Chaojun
## 榮宗敬致馬超俊函

此次反日空氣， 彌漫全國， 非特為外交後盾， 且為提倡國貨唯一之機會。 近聞貴省對于反日之舉， 已歸平淡， 此間商號竟運銷大批日紗到粵， 致華紗銷路呆滯，市價低落。 道路傳聞，未敢憑信。 素仰閣下熱心黨國， 對于國貨尤所維護。 現濟案未解， 外患方滋， 貴省當能堅持到底， 爭外交上最後勝利。

中華民國十七年十月七日

## Document 4. Letter from Xue Mingjian to Rong Zongjing
## 薛明劍致榮宗敬函

別後與量才先生接洽後， 已有具體辦法否？ 晨間， 伊仁兄抄奉實業部提案， 實屬可怕。 稚老處， 晚已另抄寄出， 以便對付。 稚老寄汪、 孔兩函， 已于今日寄出， 另紙抄上， 希即檢收， 轉致偉仁兄等一閱。 臨走時， 晤新聞報主筆陳達哉先生， 據云歐戰必發， 將來紡織業必有厚望， 希先生堅持到底， 云云。

中華民國二十三年七月二十七日

Document 5. Letter fom Rong Zongjing to Chiang Kai-shek
榮宗敬致蔣介石函

竊查民商等三十年來所苦心經營之申新紗廠等， 近以感受世界不景氣影響， 金融周轉不靈， 前經呈請行政院及財政、 實業兩部， 乞予救濟， 以維營業各在案。惟是行政院據呈以後， 採取實業部草擬整理方針， 分令財、 實兩部暨棉統會等， 著手整理。 近日 滬報章， 競載官方消息： 有謂申新紗廠整理委員人選已定者； 有謂調查申新資產委員已將全部資產估計完竣者； 最近並有政府已准備將申新等廠收歸官有之息。流言所及， 實屬駭人聽聞。 查申新等廠， 開設至今， 已三十餘年， 歷係完全商股，此次以整個世界不景氣之影響， 而金融乃暫感周轉不靈， 是以呈請政府， 予以經濟上之救濟， 以維營業。 其重心固在乎經濟之救濟， 其要求更止乎經濟上之救濟， 初無整理之可言， 更何來收歸官有之可能？ 然而今乃組整理織委員會， 不言救濟而言整理，估計申新資產， 不言調查而言估計， 此中消息， 實足令人寒栗。 申新現狀， 至今已惟有上下一致愛護， 方克有濟； 今荷實部方針， 證以報載官息， 萬一流于宰割之嫌，則脆弱之基， 自相聚訟， 外敵虛入， 又何以當？ 民商前以年邁力衰， 經已聲明退休，然今因流言蜂起， 景況日非， 不得已重出肩負， 以資應付。 在民商畢生致力于此，為不忍坐視事業之崩潰， 鞠躬盡瘁， 又何敢辭？ 伏維委員長維護國本， 夙著勛勞，當此非常， 必具勝算。 民商今日， 已感呼籲無門， 敬具蕪呈， 冒瀆萬機， 伏乞賜予亮察， 俯加援濟。 日月之出， 爝火自息， 正朝野之視聽， 拯實業于水火， 感沐宏德， 豈止一人。 迫切上言， 實深待命。

中華民國二十三年七月

## Document 6. Letter from Rong Zongjing to Kong Xiangxi
榮宗敬致財政部長孔祥熙函

竊查民商等經營之申新紗廠等， 近以感受世界不景氣影響， 金融周轉不靈， 前經呈請鈞部並分呈行政院及實業部乞予救濟， 以維營業各在案···而實業部不察， 乃貿然擬定方案， 計劃整理。 非維對鈞部為越俎代庖， 抑且對民商為濫用職權。 以廠方現況而言， 無論其尚絕未至停頓地位， 初無整理之可言; 即停頓矣， 在原商股未取得同意前， 又何來收歸官有之可能?···今玆危急， 固甚于昔， 然苟獲鈞部等能稍加憐惜， 俯予愛護， 則事業復興， 在所可卜。 今玆實部方針， 證以報載官息， 用心所在， 實有企圖宰割之嫌。 民商何罪， 申新何辜， 而乃以三十年辛苦之經營， 竟墮之乎盛治?·····伏維部長維護國本， 夙著勛勞， 當此非常， 必具勝算。 敬祈根據事實， 早佈卓見。 日月之出， 爝火自息， 正朝野之觀聽， 拯實業于水火， 在此一舉， 迫切待命。

原件無日期， 估計當在民國二十三年七月下旬

Chapter 29

# DOCUMENTS ON CHAMBERS OF COMMERCE AND SAME-TRADE ASSOCIATIONS

商會和同業公會經濟檔案

收文商(35)字第27787號 中華民國卅五年六月拾日 收到

| 事由 | 擬辦 | 決定辦法 |
| --- | --- | --- |
| 為請求禁止玻璃綢進口由 | | |

附件：如文

文別：公函

上海市綢緞商業同業公會

中華民國三十五年六月八日

上海市綢緞業同業公會整理委員會圖記

逕啟者：茲據敝會會員德康祥綢莊六月七日函稱：

「竊自日寇投降以來絲織品進口擁擠美國綢緞陳列商肆觸目皆是今則變本加厲且有人造玻璃綢之進口進出口商知國人素崇虛榮樂購外貨爭向美國大量定購并請求供給美滙數目之巨可以震駭最受威脅情形危急者

莫若我國產綢緞也自販賣商織綢廠繅絲廠以及蠶農數百萬人之生計受其影響匪淺我國絲綢品質優美[illegible]揚歐美戰前出口價值甚鉅方今國土重光建設肇始非提倡國產獎勵輸出爭取外滙充裕國庫不可若聽奢侈品之輸入傾銷則絲綢業立被排擠陷於破產勢有必然謹剖理由於下

一、國產玻璃綢全以純絲織成暴日略入蘇浙產絲區域伏莽遍地農村蠶桑採伐作薪飼料大減育蠶不易絲產統計不足戰前百分之十成本之昂得未曾有舶來玻璃綢為橡膠工業之副產品利用廢物成本不計故不能與之競爭

二、國產絲綢自育蠶繅絲織綢精煉染色印花及其製成費時甚久手續繁複且百分之九十係用人工加以生活日高工資佔成本大部舶來玻璃綢則新式機械大量生產不賴人力出品迅速成本至低國產綢商望洋興嘆

三、政府於奢侈品進口限制素嚴如未列名純絲或攙絲綢緞（稅則號列一四二）未列名絲製衣服及衣著零件（稅則號列一四四）未列名純絲或攙絲貨品（稅則

號列一四五）等均爲禁止進口之例，其目的不外乎塞漏卮，維國產，用意至善，該美貨

玻璃綢頭爲奢侈品，既有國產絲綢，可以應用，自無求於外貨奢侈品之進口

一、四、江海關於本年三月二十七日公佈第四十一號禁止輸入之奢侈品表內，開絲品各類

應包括人造絲及玻璃絲而[illegible]製品之玻璃綢，遺漏，仍許進口，此所不解者也。查玻

璃綢之進口商，諉以人造膠質之名，相矇混，其實人造絲玻璃絲等，俱由各種人造膠

質所成，與玻璃綢名異而實同，人造絲玻璃絲既因奢侈品禁止進口，則玻璃綢自當

在禁止之例，方爲公允

五、江海關准許玻璃綢進口之理由，則謂係進口稅則第六百六十四號所列之模塑

質，據暫行法令，可以自由輸入，查譯義爲可造型的，可塑造的，又可塑爲模型之物

質，以人造松香爲大宗，玻璃綢爲透明薄膜，不能彫塑，殊爲明顯，進出口商無能混

殊藉免禁止可知矣

由上所陳苟不遏止玻璃綢之進口勢必傾銷我國市場耗費巨額外滙為政府培植工業獎勵生產政策相抵牾況絕市綢廠工潮澎湃迄今未已工人借薪要求每日一元六角與目前生活指數相乘則工資且超過英美工人以上絲綢業正臨於空前危機之中豈能再任外貨之摧殘故特籲請立許禁止外貨玻璃綢之進口以維廠商勞工及蠶農數百萬人之生計不勝迫切屏營之至

據情到會查美國進口玻璃綢係由人造纖維製品純為有干禁令之奢侈物品其色澤之美麗價值之低廉遠非純絲織成之玻璃綢所可倫比不但有魚目混珠之虞且使國產絲綢無法倖存數千年之物瀕於絕滅數百萬蠶農與絲織工商生計行將破產據函前情除備文並檢同國產玻璃綢暨外貨玻璃綢樣本推由本會理事長

駱清華晉京呈請

財政部立許禁止外貨玻璃綢進口維護國產綠綢阻遏[illegible]綢傾銷外國特錄函

奉達即希

查照為荷

此致

上海市商會

上海市綢緞商業同業公會理事長駱清華

啓

附錄呈兩份

# 上海市商會摘由單

| 到文日期 | 來文機關 | 來文種類 | 附件 |
|---|---|---|---|
| 貳月拾四日 | 錚興出口商行 | 函 | |

| 事由 | 擬辦 | 決定辦法 |
|---|---|---|
| 為請轉函江海關將裝往外洋之綢製衣服補征人造絲進口花邊予豁免由 | [illegible] | |

003

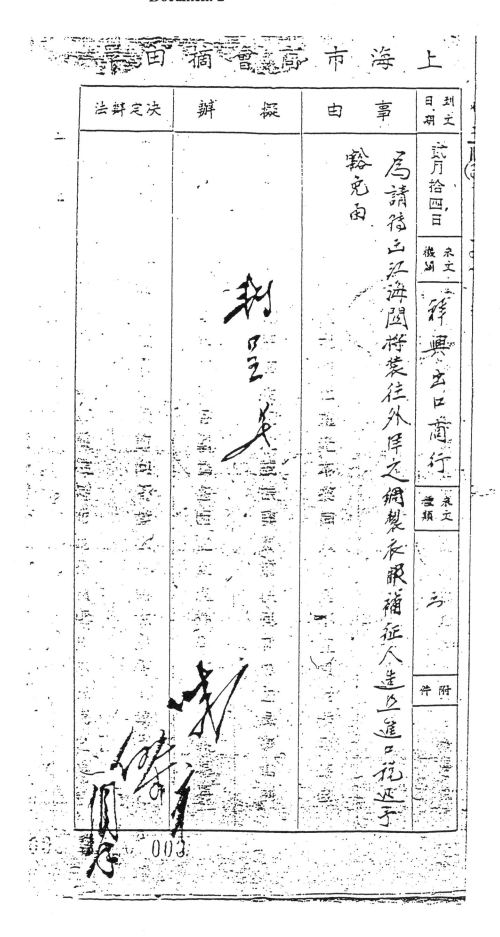

敬啓者茲爲請求豁免綢製衣服運銷外洋時補繳人造絲進口稅懇請 貴會轉呈 財政部及江海關稅務司鑒核照准事竊商人等同業出口貿易自太平洋戰事發生後即告停頓今則勝利實現國土重光本業同人等莫不互相慶幸共謀復業而我 政府對於出口事業尤特加獎勵此誠振興實業挽回利權之良機也溯我國自抗戰以來物價之高實遠較其他各國爲甚因之欲同外洋競銷事匪易易差幸國貨手工藝品之出口我 政府在戰前向不徵收任何稅率略可減輕商人負擔詎事有出於意料者在此獎勵出口事業之時而竟將繡花及不繡花之綢製衣服（此類貨物專銷歐美各國）徵收重稅（補繳人造絲進口稅）查此項人

造絲業從前淪陷區經營人造絲商人囤積操縱獲致厚利而 政府似不應反向
出口商補繳進口稅況當我業向外競銷爲難之時再加補繳此項稅款成本愈重
銷售益難且綢貨花式紊多一經製成衣服其中所夾人造絲成份頗難辨別對於
報關手續更覺困難重重估計稍一失當不得貨物不能出口尚須受到數倍罰金
故我綢服出口業在此種情況之下實有左右爲難之感雖則 政府規定對於完
全蠶絲所製衣服免徵出口稅然蠶絲綢貨之宜製繡花者爲數極少抑且成本較
昂不易暢銷爲適合歐美市場之需要實不能專製蠶絲衣服以應市也查戰前日
本對於綢製衣服之出口異常發達此時我業正可起而代之似不宜徵收重稅自

阻滯路為此瀝陳困難情形敬請 貴會轉呈 財政部及江海關稅務司俯察下
情體恤商艱將裝往外洋之綢製衣服補徵人造絲進口稅一項迅予豁免藉蘇民
困而符 政府獎勵出口事業之旨意實爲感禱此上
上海市商會主席王
具呈人 鐸興出口商行
潘炳桂

006

呈稿 件 為綢緞衣服外銷請免補繳人絲進口稅 事由 第103號

呈為呈請事。據祥興出口商行、彩霞商人面業出口貿易，自太平洋戰事發生，

即告停頓。今幸至而得 政府獎勵出口事業之旨意，寔為感荷莫名。現查我

出口貿易之國家，對於綢緞衣服之運銷國外者，其已完過進口稅之原料，尚有退還稅款之

辦法，藉以減輕成本，角逐市場。當茲戰後，急待獎勵出口貿易，以從恢復元氣

之時，茲析上述各項理由，似不應令其再行補繳人絲進口稅，轉致加重成本，阻折外銷

理合據情呈請，仰祈

核示，以憑函達，即希

鈞部鑒核，對於運銷國外之綢緞衣服，准予行文海關免予補繳人絲進口稅，寔為

書、關督核，准予呈部，免繳人絲進口稅

公便。謹呈

財政部

海關稅務司

中華民國卅五年二月十五日擬稿

繕校

Document 4

# 江海關稅務司公署公函

第一九八號

| 事由 | 擬辦 | 決定辦法 | 備考 |
|---|---|---|---|
| 函復關於進口或轉口之人造絲製成品補繳人造絲進口稅辦法業經奉 令廢止所有外銷綢製衣服自可一律免繳人造絲進口稅請 查照轉知由 附件 | | Q 201-1-121 NO.5 | |

年 月 日 時到

貴會本月十五日普字第一七零三號函、以據祥興出口商
行函請轉呈體恤商艱將裝往外洋之綢製衣服補徵人造
絲進口稅一項、迅予咨免等語。函囑登核對於運銷國外之綢
製衣服准予呈部免徵人造絲進口稅等由。准此、查輸入本口
或轉運內地之人造絲製成品、無法證明所用之人造絲係
屬已稅原料、應補徵人造絲進口稅辦法、本關現已稟奉
財政部令、定自本年二月十九日起予以廢止。所有外銷綢製
衣服、自可一律免徵人造絲進口稅。准函前由、相應函復
查照轉知為荷。此致

上海市商會

兼稅務司

125

函件為准江海關函復外銷佣製衣服一律免征人造絲進口稅由　第138號

逕啟者，前據
來函，為請轉呈將裝往外洋之佣製衣服補征人造絲進口稅一項，迅予豁
免等情，即經分別呈函財政部暨江海關去後，茲於本月廿五日准江海關第一
九八號函略開，查輸入本口或轉運內地之人造絲製成品，無論何用
之人造絲係屬已稅原料，應補征人造絲進口稅務係本關現已層奉財政部令
定自本年二月十九日起予以豁免，所有外銷佣製衣服自可一律免征人造絲進
稅，准函前由，相應函達查照轉知為荷等由，准此，合亟備函轉達，希為
查照是荷，此致
祥興出口商行（高應□□）

中華民國廿年二月廿日擬稿
繕校

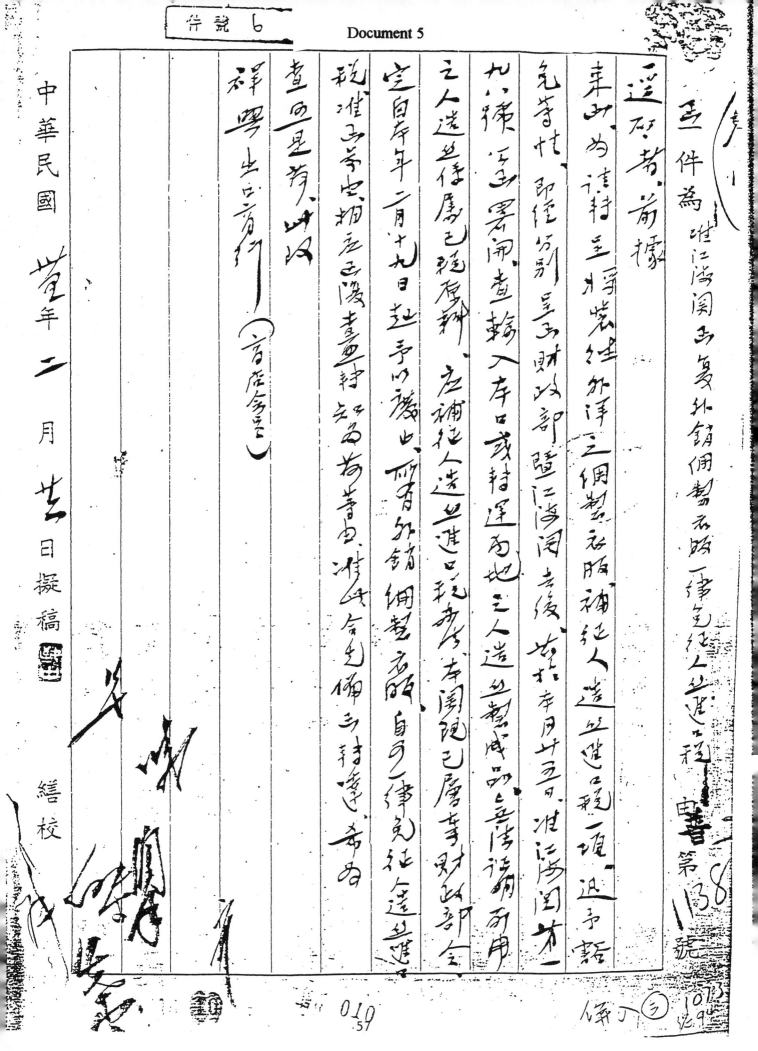

件號

財政部批

獎機(35)字第二〇六號

中華民國……

財關字第〇二六四號

事由

祥興出口商行所稱外銷之綢製衣服現可毋庸補繳人造絲

進口稅應由該商行逕向江海關洽辦知照

批上海市商會

三十五年二月十三日第二四四號呈一件為據祥興出口商行呈請將綢製衣[illegible]

衣服外銷請准行知海關免其補納人造絲進口稅由

呈悉本部以戰事結束後原訂國產人造絲綢緞及其他人造

絲製成品應就各該貨品補征人造絲原料進口稅之辦法已與

現情不甚適合經於本年二月五日令飭海關總稅務司轉令

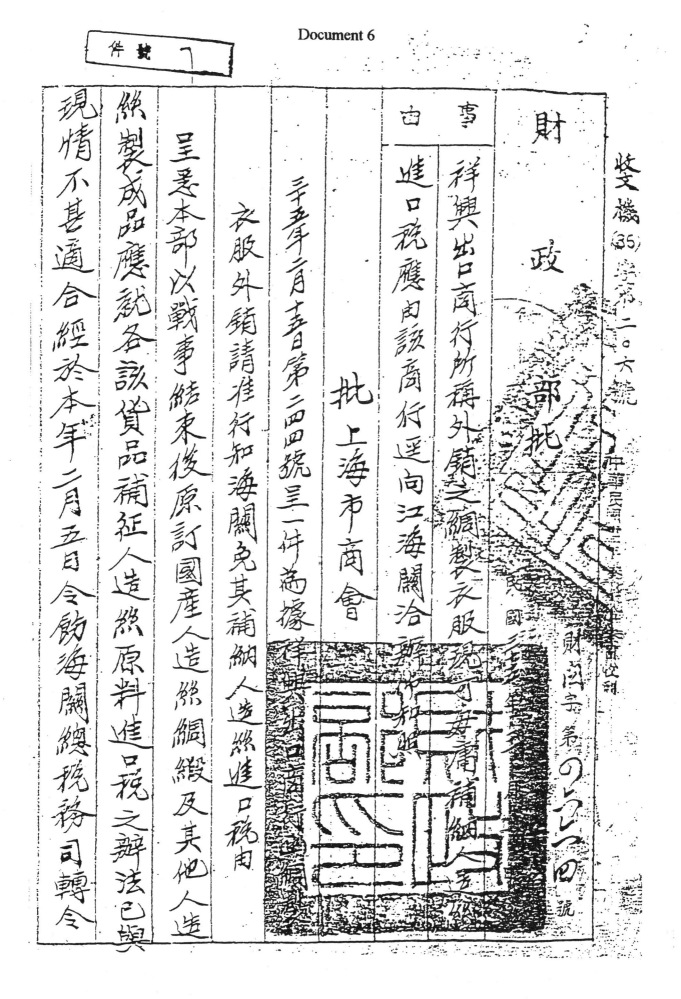

各關停止執行在案祥興公司所稱外銷之綢製衣

服現可毋庸補納令遵照進口該貨由該商行運向江海關

洽辦仰知照此批

校對 …… 啟

22

# 經濟部訓令

中華民國卅五年九月廿三日 校

發文 京國貿字第12290號

附件

中華民國卅五年九月 日 發出

中華民國卅五年九月廿日

| 事由 | 擬辦 | 批示 |
| --- | --- | --- |
| 関於免徵云口税一案令仰知照由 | | |

令上海市商會

案奉

收文 九(35)字第 號

26 001

行政院本年九月四日節京伍字第二二三六號訓令開「案奉國民政府本年八月廿八日處京字第二三五號訓令開：『國防最高委員會第二百零二次常務會議，行政院宋院長子文提免征出口稅案，經決議通過，先予施行，仍交立法院完成立法程序，除令交立法院外，令行令仰遵照』等因，除分令財政部外，合行令仰遵照」等因，合行令仰知照，并轉飭知照。

此令

部長 王[illegible]

监印

件號 2

Document 8

由 件 燕 奉經濟部令知更正名稱

字第 8 號

逕啟者 奉
經濟部京商(35)字第二六〇〇五號訓令內開 案奉
行政院本年九月四日節京陸字第一二二三號訓令開 云云 並轉飭知照
等因下令 用特錄令函達 希為
查照分轉同業遵照是荷 此致

進出口行商業　油墨工業　電機絲織廠工業
上布商業　玻璃商業　搪磁工業
火柴工業　棉花商業　磁商業
毛巾被毯工業　洋襪機織商業　綢紗商業
毛絨紡織染工業　茶葉輸出業　麵粉廠
手帕內衣織造工業　針織工業　拉機箱工業
化妝品工業　造紙工業　調味粉
牙刷工業　保險
印鑄刻字業　桐油苧麻商業
地毯商業　顏料廠商業
地毯編織工業　筆墨商業
皂燭工業　機製廠工業
汽燈工業　藥材輸出商業
皮革工業

同業公會

中華民國卅五年十月廿四日擬稿
繕校

致函商業聯合會呈請政府速訂各種勞動法規

竊維列邦勞動爭議制度約分兩派一爲任意之和解及公斷機關此制英國發達最早當爭議發生由雙方各舉代表二人調查原因商定和解之方倘不能同意再由各舉代表十一人組成之總會以解決之進後又改前制除企業家與勞動者選出代表六人外另選雙方同意之代表爲公斷人給以最終判定之權二爲強制之和解及公斷機關新西蘭行之最久每區設和解會議委員除一名不偏不黨者外餘由企業家勞動者各選半數當爭議時即由委員調查從事和解倘不同意即由和解會議雙方勸告不服一月內可向公斷處控訴公斷處係審判官三人組成統由總督

016

任命一人為最高法院推事之人為企業家與勞動者所推薦其判決案在三年間有絕對拘束之效力凡爭議一經提出後即禁止閉鎖罷工及閉鎖工場兩事以上兩法前者之利在於自由調處其終也每陷久延不決之弊後者之利在乎早決爭端其末也易貽專斷不公之譏兩者互有優劣欲定爭議解決之方要視國情如何耳吾國勞動法規在昔僅見於刑律及違警律禁止集會聚眾條含壓迫工人性質迨十三年十一月始頒工會條例工人集會始有自由之權關於勞動爭議解決之方載於該條例第十條第十款及第十六條之內細繹其意普通工業係採任意和解及仲裁之方與英制相似公用事業係採強制之和解

及仲裁之法与新西蘭制異同，實於保障勞工之中仍寓維持
公共安寧之意，惟施行以來已逾三載，每遇勞動爭議先之以勞
資聯席會議，繼之以共推第三者參之仲裁，終之以行政
官廳派員調查及仲裁規定層[illegible][illegible]顯，轉折既多，需時自久，往
往風潮擴大，社会極呈不安寧之象，似應參證經過之歷史的
定速決之方法，庶於扶助勞工利益經濟社会安寧兩有裨益，此
當慎審改訂者也。加以勞動法規種數綦繁，斷非工会條例能
竟其功，尤當依據列邦通例，參酌國內現情，詳定各種勞動
法規以圖勞工生計之增進，為謀勞工身體之安全，應有工廠法
之頒布，為謀勞工最低工資之標準，應有調查委員会章程

017

之訂定現代工業日趨精密勞工智識者須實有補充教育之必要而勞工教育尚為勞工之中衰老病亡幸所不免饑減失業痛苦而勞工儲蓄及保險為為人口按年遞增勞工失業漸多須圖妥善之方而公共紹介所及移民墾殖政策又尚為民生計端無一般勞動法規應訂明令無一般今日社會所需要於茲大局有定似應早日頒行各種勞動法期收勞工自由發展之效考歐美勞工運動萌芽於十八世紀產業革命之後各種工業改用機械手工業及小企業家不能立足遂致資本集中於少數企業家勞工因物價日高所入菲薄無以為生後受企業家層層之壓迫相救相溫皆及乃戰鬥以起於我國之現

情則稍異，於是各地企業家尚乏大資本家，工廠事業向受帝
國主義經濟之侵略，深見衰落，各埠大公司既多數為外資
所組織，而關稅係協定性質，復不能保護，因是國內紡織工業
幾無以自存，故今日國家欲扶助勞工，方針應以不妨害生產事業
之發展為度，否則各地生產事業析耗愈甚，勢將終至閉歇，勞
工無工可作，必至流離失所，是致社內外交困，日處於紊亂騷浪
之中，會莫大之隱憂，此又不可不預為防範，並相應函請
貴會呈請
國民政府，速定各種勞動法規，以資遵循，此致
商業聯合會

# 工商同業公会章程準則草案

## 第一章 總則

第一条 本会係依據工商同業公会暫行条例設立之定名為北平市某業同業公会

第二条 本会以協助政府施行經濟政策及增進同業之公共利益為宗旨

第三条 本会以北平市行政區域為區域事務所設於某處

## 第二章 任務

第四条 本会之應办理之事務如左

一 関於工資、官署及商会委办之项

二 関於同業之調查研究整理及建設事項

三 関于與办同業勞工教育及互益之项

の 関于会員営業上弊害之矯正之项

五 関于会員営業必要时之維持之项

六 関于接受政府配給並對於会員之分配之项

七 办理会務第三条所揭第二目之其他之项

前项所列任務係指普通之会而言者

係主要商品之同業公會經主管官署之
核准得為左列各款之業

一 關於會員經營物資之共同收買保管運
輸販賣及其他必要事項

二 關於會員製造物資所需原料及燃料
之共同取得及分配事項

三 關於會員經營物資之生產數量及販
賣價格之審設事項

四 關於會員事業資金之調節及信務
担保事項

五 関于会員経営事業之調査統計設計指導及检查取締事項

六 関於執行主管官署指導或委託之事項

## 第三章 会員

第五条 凡在本区域内確係経営本業之公司行号均為本会之会員

前項会員應就主体人或経理人推派代表人出席本会称為会員代表

第六条 凡公司行号不加入本会者不得経営本業範囲以内之業務

第七条　有左列各款情事之一者不得為本会々員代表
一、華外人　二、褫奪公権者　三、受公会除名者　四、受破産之宣告而未復権者　五、無行為能力者

第八条　会員出席本会有発言権表決権選挙権及被選挙権但其表決権及選挙権之権数以其每年繳納会費之単位額作比例每一単位為一権

第九条　会員対本会應盡之義務如左

一 遵守本会之章程

二 服從本会議決案

三 按期繳納会費

四 不侵害同業間之營業

五 應盡本会所舉辦各項事業上之義務

第十条 会員不遵守本会章程決議或有其他破壞本会之行為或欠繳会費者得由会員大会予以警告或除名若必要時得呈請主管官署予以停業之處分

第十一条 会員入会手續如左

一 填写入会志愿书及调查表

二 领取会员证

第十二条 会员不得无故出会其因商店解散或迁移于本区域外营业及商店倒闭等必须出会者须声叙理由填具出会书送交本会审查认可

第十三条 会员推派代表时应给以委托书并通知本会改派时亦同但已当选为本会职员者非有依法应解任之事由不得改派

第十四条　会员代表有不正当行为致妨害本会名誉信用者得以会员大会之议决将其除名并通知原举派之会员另行改派

第十五条　受除名处分之会员代表自除名之日起三年以内不得充任会员代表

## 第四章　组织及职权

第十六条　本会设理事〇〇人（至多不得逾廿一人）监事若干人（至多不得逾七人）均由会员大会就代表中用无记名连举法选任之以得票最多数者为当选

選舉前項理監事時應另選候補理
監事〇〇人（不得逾理監事額三分之一）

第十七条 本会設理事長一人由会員大会選舉
之以得票最多數者為當選必要時
得設常務理事若干人由理事互選之

第十八条 理事長代表理事会行使左列職权
一 執行会員大会及理事会議決案
二 召集会員大会

# Chapter 30

# DOCUMENTS ON NATIONAL GOVERNMENT ECONOMIC AGENCIES

# 國民政府經濟部會檔案

經濟委員會秘書處稿

| | |
|---|---|
| 由 | |
| 便函 吳委員虎 | 逕送本會報告一件請轉送四川全參會並見復 |
| 附件 | |

秘書長 （簽）

處長
副處長
秘書
技正
科長 （簽）
專員
科員 （簽）
辦事員

中華民國廿三年

| 收文 | 交辦 | 擬稿 | 核發 | 判行 | 繕寫 | 校對 | 盖印 | 封發 | 收文發文相距 |
|---|---|---|---|---|---|---|---|---|---|
| 月 日 時 | 月 日 時 | 一月十六日 時 | 月 日 時 | 月 日 時 | 一月十六日 時 | 月 日 時 | 月 日 時 | 一月十八日 時 | 日 時 |

收文 字第 號

發文秘字第一三五六號

檔案 字第 號

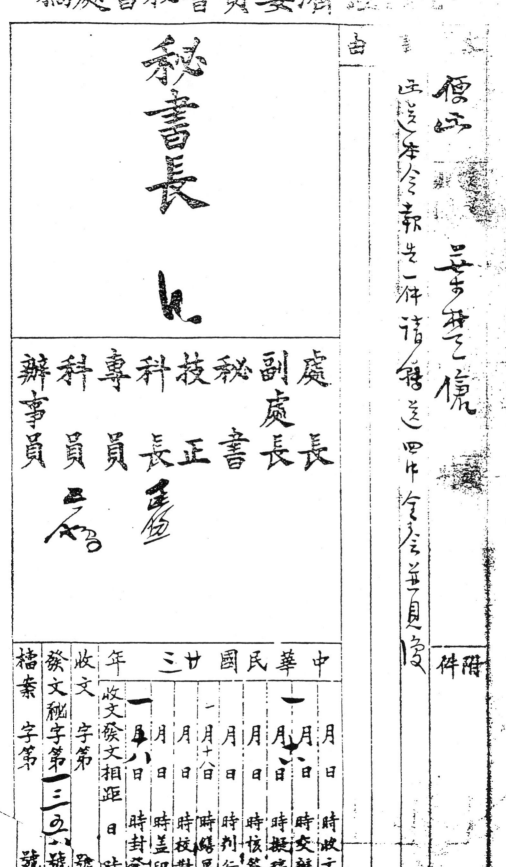

# 全國經濟委員會報告

查近世各國、對於國家經濟建設、無不視為重要、多數國家、現均設有最高經濟委員會、以為籌劃經濟建設之總樞紐、國民政府因於民國二十年六月、頒佈全國經濟委員會組織條例、九月任命委員、並指定蔣中正宋子文為正副委員長、當以本會負有促進經濟建設、改善人民生計之全責、籌畫進行、允宜慎重、乃由行政院訂定全國經濟委員會籌備處簡則、規定籌備期間秘書處應辦事務、由籌備處辦理之、並令派秦汾為籌備主任、即於十一月一日成立籌備處、從事於本會一應事宜之籌備者、前後計約二年、民國二十二年九月、國民政府修正全國經濟委員會組織條例、改本會直隸於國民政府、取銷委員長制、改設常務委員、改定職掌為1、關於國家經濟建設或發展計劃之審核事項2、關於國家經濟建設或發展計畫應需經費之核定事項3、關於國家經濟建設或發展計畫之監督指導事項4、關於特定經濟建設或發展計畫之直接實施事項、並重派委員、指定汪兆銘孫科宋子文為常務委員、十月四日汪兆銘孫科宋子文蒞會就職、本會即於是日宣告成立、十二月國民政府再加指定蔣中正孔祥熙為常務委員、蔣中正孔祥熙因亦先後就職、以期於經濟建設前途、共圖努力、

查本會籌備期內、曾召開第一次委員會議、嗣本會會議所

定宗旨、分別進行各項事業。並基於事業進行之需要，將應有組織逐漸擴充。計設計審議方面，設有專門委員會五：イ、公路專門委員會；ロ、工程專門委員會；ハ、衛生專門委員會；ニ、教育專門委員會；ホ、農村建設專門委員會。實施工作方面，設有專處三：イ、公路處；ロ、工程處；ハ、中央衛生設施實驗處。迨至本會正式成立後，原有各專門委員會暫仍其舊原有，惟名稱方面[illegible]專各專處並賡續設立。惟將工程處改稱水利處，中央衛生設施實驗處改稱衛生實驗處，以符名實。並以我國以農立國，農業盛衰有關國本，擬再設農業處，以專責成。此外本會鑒於西北各省人煙稀少，寶藏豐富，亟宜籌議開發，擬設西北辦事處以便就近接洽推行順利又鑒於最近剿匪勝利江西一省收復匪區亟待整理建設擬設江西辦事處以期就近研究切實進行復以我國比年以來生產事業多成凋敝若不力圖振作不足以裕民生本會職責所在自應分別統籌設法救濟茲已先設棉業統制委員會擬再繼設蠶絲業改良委員會辦有成效當再推而廣之使所有各項重要生產事業均有統制委員會或改良委員會為之統籌改進以收救濟之效

本會正式成立迄今僅有三月，一切應辦事業已在規畫進行，若嚴述其成效，自尚有待於將來，但其中如公路、水利、衛生三項，因在籌備期間已經着手進行，歷史較久，其已往工作，自不能無成績可言，爰將所有經過情形分段略述如左：

甲 公路 築造公路，肇於民國二十一年五月，斯時先就蘇浙皖三省聯絡公路加以督造，經規定工程標準及每公里建築費，决定撥借三省築路基金數目，以助各該省築路經費之不足，三省聯絡公路建築費計全部為三百一五萬九千元，三省聯絡公路系統包含滬杭、京蕪、蘇嘉、長宜、京杭、杭徽六線，均已先後完工通車。二十一年十一月，七省公路會議舉行於漢口，籌備處奉命參加，經擬具路綫計畫、工程標準及概算等，提經會議採納，十

# 全國經濟委員會

二月成立公路處、又依照七省公路會議議決案、督造豫鄂皖贛蘇浙湘七省聯絡公路、撥分五期完成、督撥訂各項章程、以為督造之依據、至關于建築費用之核定、工程圖表書類之規定、及撥借各省築路基金數月之支配、悉經公路處擬訂、送經七省公路專門委員會通過、當時第一第二兩期應築各路、開始築造、所需工款、計第一期公路五百一十一萬三千九百、第二期公路二千八百三十七萬元、所有七省聯絡公路幹支各綫、共長二萬二千餘公里、其已督造完成者、迄今已有四千餘公里、因此而得聯絡互通之公路、已有一萬餘公里、此外工作、則有築建各式不同路面之試驗路、訓練公路工程人員、試驗築路材料、調查築路費用、辦理運輸統計、考察四川渡田等、

## 乙　水利工程

民國二十一年九月、接辦國民政府救濟水災委員會移交未

究工程、因於十二月設立工程處、將原有十六區工振局歸併為江漢、江贛、皖淮、裏下河、四工程局、及豫省工務所、繼續從事於江淮漢贛四河幹堤之培修、以防泛溢、沿淮堤岸涵洞之築造、以資蓄洩、並於裏下河歸海各港、加以濬治、以疏洩淮運入海之水、鬥龍港河、[illegible]河建築潮水閘各一座、以障海水潮汛之倒灌、而與灌溉航運之利、又於豫省黃汝沙潁諸河之重要地點、築造沿河堤閘橋樑、以保農田而利交通、凡此各項工程之完成、所有受益田畝、據初步調查、計有六千七百餘萬畝之多、二十二年六月間、揚子江水位漲高、為百年來同月所未有、且有數處較二十年洪水位僅低尺許、沿江一帶、頗感不安、幸救濟水災委員會所築各堤、早經工程處培修完固、民國二十年之大水災得免重演、此外工程方面、更於全國各地氣象、水文、地質、地圖、及各項水利計畫資料、中外水利書籍、均設法徵集、以為規劃全國水利建設之參考。

丙、湖北堤工及堤款　民國二十一年十一月，奉　命接辦鄂省水利堤工，並保管鄂省堤工專款。當經督責江漢工程局勘估本屆歲修工程計畫進行，即於二十二年二月間着手開工，趕於六月中旬全部完工，計成土工五十處，用土八十七萬六千五百方，石工五十四處，用石五萬方，全部工程標價合一百一十餘萬元。六七月間江水盛漲，又辦理鄂省長江漢水防汛事宜，用費二十餘萬元。並於接收之始，即組湖北堤工專款保管委員會，以為堤款收支保管之機關。計截至二十二年六月底止，七閱月間，收入堤款約為一百七十餘萬元，計收支兩方，較前鄂省自管時代，收則增多，支則減少，因是得有餘款，以為舉辦鄂省新興水利永久工程之需。若久經設計，迄未興工之金水建閘計畫，業已見諸實施者，即其一例也。現在二十三年歲修工程，已行開始辦理，所需土石各工，較之上年，猶須畧事增加也。

丁、公共衛生　此項設施，由中央衛生設施實驗處經辦。該處於民國十八年起，開始籌備，係經前衛生部與國聯衛生組商定組織，擬訂計畫，呈奉行政院會議决議照辦，實為吾國與國聯技術合作之開端。民國二十一年，該處隷屬於全國經濟委員會。處內設置細菌化學製藥寄生蟲衛生工程及模型幻燈片等各項製造實驗室。數年來對於海港檢疫事權之收回，上海市霍亂之防治，醫藥教育之調查，及改進計劃，均已先後舉辦。又與各地方政府協助，促進一切醫療衛生之設施，協助杭州南京上海各地方政府、設各項環境衛生事宜，並于民國二十一年舉辦防止各地方霍亂及其他流行病之盛行、在南京及長江一帶作瘧疾之調查與撲滅計劃、民國二十二年設立浙江開化住血蟲病防治工作隊、復與公路處合作設立各省公路衛生組六處、注意於保護工人旅客及羣衆之健康、此外為協助中央醫院及第一助產學校之建築設備、又於湯山設立鄉村衛生設施實驗區以為促進鄉村衛生工作之實驗、並利用本國材料製造藥品、研究功用、以為挽回利權之準備、一面更與各地方政府團体合作、提倡公共衛生教育、學校衛生、及婦嬰衛生等事業、且於處內設置各項訓練班、訓練各項衛生行政、及技術人員、至若民國二十年間、該處與救濟水災委員會合作、辦理災區衛生設施、及二十一年間辦理淞滬戰區善後委員會衛生組之戰區衛生醫療設施、尤有良好之成績、

此外本會對於農村建設方面，在先亦加注意。曾於農田面積、鄉村人口、
土地分配、租佃關係、農業金融及主要農產品、與其出產、消費、運輸、
改良、各情形，加以縝密之調查，並曾搜集有關農村合作社之各項材
料，擬訂各項農村合作研究問題，徵詢專家意見，藉便規劃進行。二
十二年六月起，且接辦救濟水災委員會移交農振事務，於皖、贛、鄂、
湘四省，實行農貸，以為救濟農村之一助。對於蠶桑方面，曾分設杭州、句
容蠶桑試驗區，並補助南京、蕭山及金壇蠶桑試驗區，為原種、意大利
交雜種及土種改良之育蠶試驗，又於試驗區內另設指導所，指導農
民各項飼養方法，成績均能滿意。綜上所言，本會前此經辦事業，雖
原不無成績，然在國家整個經濟建設計畫內所佔地位，究係微細，

繼往開來、故有應辦事業之進行、允宜續加努力、而一方對於國家一
應經濟建設或發展計畫之審查、核定、監督、指導、各事項、亦願依
照職掌、切實辦理、務使各個建設計畫、在整個計畫中、均佔適當
之地位、並能相互聯絡貫通。以免重複、衝突、遺漏、凌亂之弊也。

Document 2

# 導淮委員會收文摘由紙

來文機關：國府

文別：訓令

來文日期：年 月 日

來文號數：

事由：抄發統一水利行政及事業辦法綱要暨進行辦法仰遵照由

附件：如文

送辦處所：總務處第一科；工程處；土地處

簽擬辦法：呈閱

核辦：總務處處長 廿二；工程處簡任技正、總工程師；土地處處長

批示：

備考：

閱辦人員：總務處 處長 十月廿三；第一科科長 十月廿三；文書股主任 十月廿三

歸檔：日期 廿三年十一月十三日；號數 總字第三三九〇號；區分 [illegible]類三項二册一卷

二十三年十月廿三日 時到

# 國民政府訓令

| 事由 | 擬辦 | 決定辦法 | 備考 |
| --- | --- | --- | --- |
| 准中央政治會議函送統一水利行政及事業辦法綱要暨統一水利行政事業進行辦法請查照辦理等由抄發原附件訓令遵照由 | | | |
| 附件：內載 | | | |

訓令第　　號

年　月　日　時到

收文　字第　　號

# 國民政府訓令

第七五四號

令導淮委員會

爲令遵事，案准

中央政治會議函開，

「查統一全國水利行政一案，前經中央執行委員會第四屆第四次全體會議議決原則，交本會議規畫組織職權及其實施辦法，經本會議第三九四次會議決議，全國水利機關暫歸全國經濟委員會統籌辦理並由該會擬具統一方案呈核。嗣據該會擬呈統一水利行政及事業辦法綱要，經本會議第四一三次會議決議，修正通過交行政院與全國經濟委

員會會擬進行辦法。茲據該院會等會呈統一水利行政事業進行辦法，
復經本會議第四一五次會議決議，修正通過。相應檢同統一水利行政
及事業辦法綱要暨統一水利行政事業進行辦法，函達查照辦理」
等由，准此，自應照辦。除函復並分行外，合行抄發原附件，令仰該會遵照
此令。
計抄發統一水利行政及事業辦法綱要，統一水利行政事業進行辦法
各一件。

中華民國二十二年十一月廿七日

國民政府主席林森

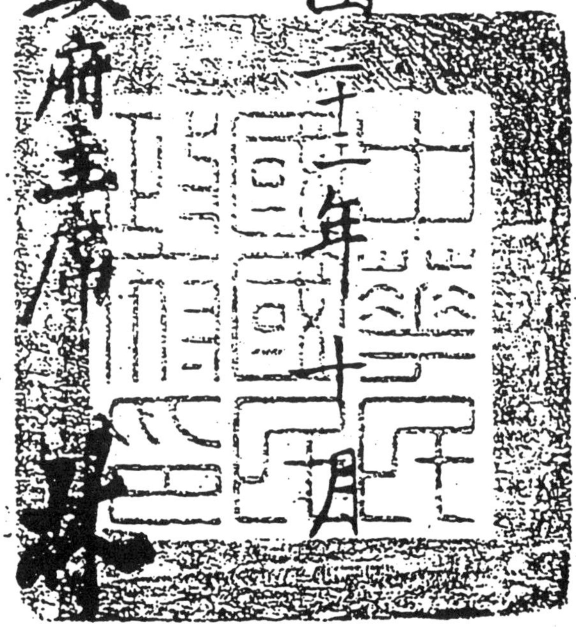

校對胡建毅

監印陳光遠

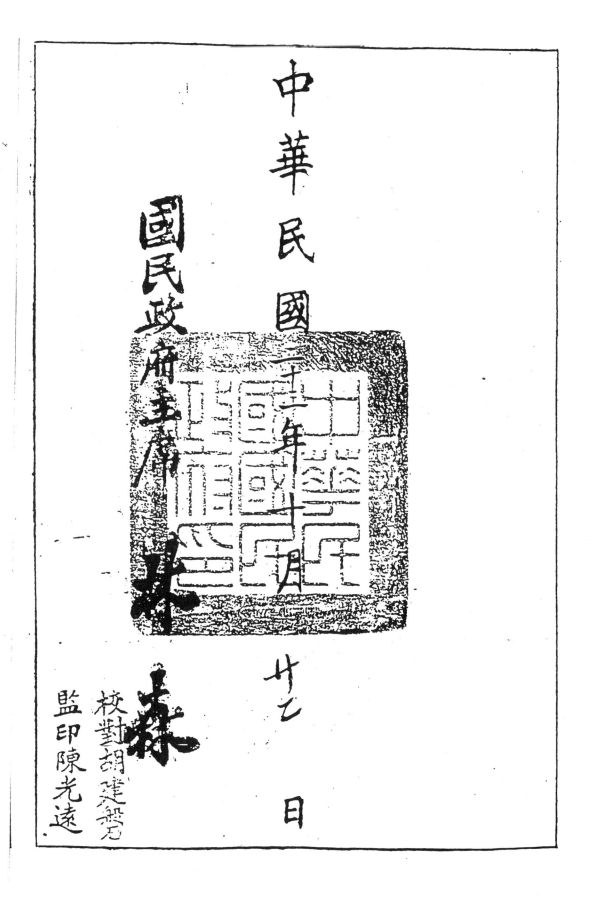

統一水利行政及事業辦法綱要

一、中央設立水利總機關，主辦全國水利行政事宜。

二、各流域不設水利總機關，其原有各機關，一律由中央水利總機關接收後，統籌支配，分別辦理。

三、各省水利行政，由建設廳主管，各縣水利行政，由縣政府主管，受中央水利總機關之指揮監督。水利關涉兩省以上者，由中央水利總機關統籌辦理，水利關涉兩縣以上者，由建設廳統籌辦理。

四、各部會組織法涉及水利者修改。

五、水利計畫，統由中央水利總機關集中辦理。

六、地形測量，水文測驗，水利調查事項，由中央水利總機關直接辦理。

七、治導工程之計畫完成工費有著者，設局辦理之，工程已完者，得設局所，仍歸某河管理處統轄之。

八、歲修防汛，由各修防機關辦理，一律改稱某河管理處，受中央水利總機關指揮監督。

九、原由國庫負担之經費，撥歸中央水利總機關支配，大宗工款並由中央水利總機關籌畫。

十、各海關水利附加稅，除已特定用途者外，一律撥歸中央水利總機關撥作水利建設基金，並另借撥英庚款為材料專款。

十一、技術人員及儀器設備等，由中央水利總機關集中支配。

# 統一水利行政事業進行辦法

一以全國經濟委員會為全國水利總機関。

二各部會有関水利事項之職掌，統歸全國經濟委員會办理。

三由全國經濟委員會延聘現在有関統一水利人員，組織水利委員會。

四現有各流域水利機関如何改組歸併，由全國經濟委員會交水利委員會遵照中央議定統一水利行政及事業办法綱要(二)(六)各條擬訂方案，核轉中央核准施行。

五各省縣水利機関，由各省政府遵照中央議定統一水利行政及事業办法綱要(三)條，擬具整理方案，送由全國經濟委員會核定施行。

六各項水利計畫如何集中办理，由全國經濟委員會交水利委員會擬訂辦法，核轉中央核准施行。

七、各項水利計畫先經國民政府核准者，仍照案進行。

八、地形測量水文測驗水利調查事項由全國經濟委員會交水利委員會擬訂大綱，核交水利處辦理。

九、原由國庫負担之各水利機關經費，按照預算所列總數統由全國經濟委員會總領統籌轉發。

十、中央總預算內，自二十三年度起，年列中央水利事業費六百萬元，准由全國經濟委員會按月請領五十萬元，統籌支配。

十一、各省縣水利事業經費，應由各省縣自籌，各省原有修防費等，仍由各省照舊負担。

十二 各水利機関，经中央指定之的款或经筹集之款項，及已办之工程，仍應按照原定程序，積極進行。

# Chapter 31

# DOCUMENTS ON TAIWAN'S ECONOMIC DEVELOPMENT AND THE ROC GOVERNMENT

# 中國政府與台灣經濟發展檔案

# 臺灣接管計劃綱要草案

——民國三十三年十月中央設計局臺灣調查委員會主任委員陳儀擬呈

## 第一　通則

一、臺灣接管後一切設施，以實行國父遺教，秉承總裁訓示，力謀臺民福利，剷除敵人勢力為目的。

二、接管後之政治設施：消極方面，當注重掃除敵國勢力，肅清反叛，革除舊染（如壓制、腐敗、貪污、苛稅、酷刑等惡政及吸鴉片等惡習），安定秩序；積極方面，當注重強化行政機關，增強工作效率，預備實施憲政，建立民權基礎。

三、接管後之經濟設施：以根絕敵人對臺民之經濟榨取，經持原有生產能力，勿使停頓衰退為原則（其違法病民者除外），但其所得利益，應用以提高臺民生活。

四、接管後之文化設施：應增強民族意識，廓清奴化思想，普及教育機會，提高文化水準。

五、民國一切法令，均適用於臺灣，必要時得制頒暫行法規。日本佔領時代之法令，除壓榨、箝制臺民、牴觸三民主義及民國法令者應悉予廢止外，其餘暫行有效，視事實之需要，逐漸修訂之。

六、接管後之度量衡：應將臺民現用之敵國度量衡制，換算民國之市用制及標準制，布告周知，尅期實行，並限期禁用敵國之度量衡制。

七、接管後公文書、教科書及報紙，禁用日文。

八、地方政制：以臺灣爲省，接管時正式成立省政府。下設縣（市），就原有州、廳、支廳、郡、市改組之，街、庄改組爲鄉鎮，保甲暫仍其舊。

九、每接管一地，應儘先辦理左列各事：

甲、接收當地官立公立各機關（包括行政、軍事、司法、教育、財政、金融、交通、工商、農林、漁牧、鑛冶、衛生、水利、警察、救濟各部門），依據民國法令，分別停辦改組或維持之；但法令無規定而事實有需要之機關，得暫仍其舊。

乙、成立縣（市）政府，改組街庄爲鄉鎮。

丙、成立國家銀行之分支行或地方銀行。

丁、訊釋政治犯，清理獄囚。

戊、廢除敵人對於臺民之不良管制設施。

己、表彰臺民革命忠烈事蹟。

庚、嚴禁煙毒。

辛、舉辦公教人員短期訓練，特別注重思想與生活。

十、各機關舊有人員，除敵國人民及有違法行爲者外，暫予留用（技術人員儘量留用，雇員必要時亦得暫行留用），待遇以照舊爲原則；一面依據法令，實施考試、銓敍及訓練。接管後須補充之各種人選，應預爲儲備，並應多予臺民以工作之機會。

十一、接收各機關時，對於原有之檔案、圖書、賬表、房屋、器物、資產，均應妥愼保管整理，或使用。

## 第五　財　政

二十三、接管後，對於日本佔領時代之稅收及其他收入，除違法病民者應即廢止外，其餘均暫照舊徵收，逐漸整理改善之。專賣事業及國營事業亦同。

二十四、接管後之地方財政，中央須給予相當之補助。

二十五、接管後，暫不立預算，但應有收支報告。省政府應有緊急支付權，至會計、審計事項，應另定簡便之暫行辦法，俟秩序完全安定，成立正式預算。

## 第六　金　融

二十六、接管後，應由中央銀行發行印有臺灣地名之法幣，並規定其與日本佔領時代貨幣（以下簡稱舊幣）之兌換率及其期間。在兌換期間內，舊幣暫准流通，舊幣持有人應於期內按法定兌換率兌換法幣，逾期舊幣一概作廢。

二十七、敵人在臺發行之鈔票，應查明其發行額（以接管後，若干日在該地市面流通者爲限），及在抗戰前與黃金之比價，以其全部準備金及財產充作償還基金，不足時應於戰後對敵國政府要求賠償。

二十八、在對敵媾和條約內，應明訂敵國政府對於臺灣各銀行及臺灣人民所負擔之債務，須負償還責任。

二十九、日本佔領時代之公債、社債，接管後，停止募集，由政府分別清理，責由敵方償還。

三十、接管後，如金融上有救濟之必要時，政府應予以救濟。

三十一、日本佔領時代之私立銀行及其他金融機關，接管後先予監督，仍令繼續營業，一面調查情形，予以清理、調整，或改組，必要時得令停業。

## 第七　工礦商業

三十二、敵國人民所有，或與臺民合有之工礦商業，一律接收，分別交由國營事業機關或正當民營事業組織接辦。但在中國對日宣戰以後，官有公有產業移轉爲私有者，一律視同公產，予以沒收。

三十三、關於工礦商業之維持、恢復及開發所需資金，由四聯總處及省政府統籌貸放，物資人力亦應預先準備。

三十四、敵人對於臺民之不良管制設施廢除後，其資產及所掌握之物資，應由省政府核定處理辦法。

三十五、關於工人福利之增進，應依照法令儘可能實施之。

三十六、恢復臺灣、內地及輸出入口貿易。對於輸出入，應加管制，並計劃增加土產之銷路。

三十七、工礦商業之處理經營，以實行民生主義及實業計劃爲原則，配合國家建設計劃，求其合理發展。

三十八、戰前由盟國或中立國人民經營之工礦商業，應由政府與各該國政府或其經營人協商處理之。

三十九、各項產業之開發資金，歡迎友邦之投資，技術上亦與友邦充分合作。

## 第九　交通

五十二、接管後，各項交通事業（如鐵道、公路、水運、航空、郵電等），不論官營、公營、民營，應暫設一交通行政臨時總機關，統一指揮管理。

五十三、交通事業接收後，儘速恢復原狀，並須與各部門事業配合。

五十四、接管後必須補充之各種交通工具（如船舶、火車、汽車、飛機等）及器材，須預先估計、籌劃，租購或製造，尤宜注重海運工具。

五十五、接管後應分置鐵路、輕便鐵路、公路、電信、橋樑、飛機場等修復工程隊，及必要之護路警衛人員。

五十六、民營交通事業，應令繼續營業；其有產權糾紛者，由政府先行接管，依法解決。

五十七、凡公路運輸、水路運輸以及電話等器材工具之製造等，可准民營者，由政府預先公布，加以保障獎勵。

## 第十　農業

五十八、敵國人民私有或與臺民合有之農林漁牧資產權益，一律接收，經調查後分別處理。

五十九、接管後，應特別注重保障農民、漁民利益，實施恢復耕作，貸給供應種籽、牲畜、農具，保護佃農各項。

六十、盟國人民在臺之農林漁牧權益，應卽予重新登記，分別處理。

## 第十一　社會

六十一、原有人民團體，接管後一律停止活動，俟舉辦調查登記後，依據法令及實際情況加以調整，必要時得解散或重行組織之。

六十二、調查人民生命財產之傷亡損失，加以救濟。其有革命忠烈事蹟者，應特予表彰其因參加抗日戰役而傷亡之臺民，並應予以安置或撫卹。

六十三、農民復業所需農具、牧畜、種籽、肥料、資金等之救助，城鄉住宅之修復，應輔導人民組織合作社辦理，必要時得暫用查戶取保、墊發資金物料及其他方法辦理之。

六十四、日本佔領時代之合作組織，應予以登記，逐漸依法整理。並輔導民衆組織各種合作社，協助救濟工作，承辦物品供銷。

六十五、日本佔領時代之社會福利設施應繼續辦理，並發展之。

六十六、臺灣之習俗禮節，應爲合理之調整。

六十七、關于救濟工作，應與國際善後總署及其他救濟行政機關密切聯繫，並以工振農振爲主。

## 第十二　糧食

六十八、糧食應專設機構管理之。

六十九、接管後糧食之調查、登記、運銷等，應依照法令，參酌當地實際情形，分別辦理。
七十、接管後如發生糧荒現象，應由省政府轉請中央救濟之。

## 第十六　土　地

七十八、土地行政於接管後，由省政府設置機關管理之。
七十九、敵人私有之土地（包括房屋田地等），應於接管後調查其是否非法取得，分別收歸國有，或發還臺籍原業主。
八十、前條規定以外之私有土地，其原有之土地權利憑證，在新憑證未發給以前，經審查後，暫准有效，其權利尚未確定者，由地政機關分別查明處理之。
八十一、接管後應卽整理地籍（原有地籍、圖册在未改訂以前暫行有效），如有散失，迅予補正。一面淸理地權、調查地價，以爲實行平均地權之準備。
八十二、日本佔領時代之官有、公有土地，曁其他應行歸公之土地，應於接管後一律收歸國有。其市地部份，應由地政機關規劃使用。其屬於農地者，應依照耕者有其田之原則，訂定授田辦法，授與農民或復員官兵耕作。

## 蔣委員長為「臺灣接管計劃綱要草案修正條文」致中央設計局秘書長熊式輝電

——民國三十四年三月十四日

中央設計局熊秘書長（式輝）勛鑒：查該局臺灣調查委員會陳主任委員（儀）卅三年十月呈擬之臺灣接管計劃綱要草案，經飭據國防最高委員會王秘書長修改前來，茲將修正各條隨文抄送，即希遵照辦理。中正。（卅四）寅元侍秦。附抄件一件。

### 臺灣接管計劃綱要草案修正條文

第十條　各機關舊有人員，除敵國人民及有違法行爲者外，暫予留用（技術人員儘量留用，雇員必要時亦得暫行留用），待遇以照舊爲原則，一面依據法令實施訓練、考試及銓敍。

第二十條　敵國人民居留在臺者，依照「對於國內日本僑民處理原則」辦理。

第二十七條　敵人在臺發行之鈔票，應查明其發行額（以接管後若干日在該地市面流通者爲限），酌量規定比價，以其全部準備金及財產充作償還基金，不足時應於戰後對敵國政府要求賠償。

第二十八條　在對敵媾和條約內，應明訂敵國政府對於臺灣各銀行及臺灣人民所負擔之債務，須負償還責任。

第二十九條　日本在臺所發行之公債、公司債等，我國政府於接管後停止募集，分別清理，並責由敵方償還之。

第三十一條　日本在臺所設立之公私銀行及其他金融機關，我國政府於接管臺灣後，先予以監督，暫令其繼續營業，一面調查情形，予以清理、調整及改組，必要時得令其停業。

第三十二條　敵國人民在臺所有之工礦、交通、農林、漁牧、商業等公司之資產權益一律接收，分別予以清理、調整或改組，但在中國對日宣戰以後，其官有公有產業移轉爲日人私有者，得視同官產公產，予以沒收。

第三十八條　戰前由盟國或中立國人民經營之工礦商產，應由政府與各國政府或其業主協商處理之。

第六十條　盟國或中立國人民在臺之工礦、交通、農林、漁牧、商業等公司之資產權益，應卽予重新登記，分別處理。

第七十九條　敵國人民私有之土地，應於接管臺灣後，調查其是否非法取得，分別收歸國有或發還臺籍原業主。

第八十二條　日本佔領時代之官有、公有土地及其他應行歸公之土地，應於接管臺灣後，一律收歸國有，依照我國土地政策及法令分別處理。

# 臺灣接管計劃綱要

——民國三十四年三月十四日侍秦字一五四九三號
總裁（卅四）寅元侍代電修正核定

## 第一　通　則

一、臺灣接管後一切設施，以實行國父遺敎、秉承總裁訓示，力謀臺民福利，鏟除敵人勢力爲目的。

二、接管後之政治設施：消極方面，當注意掃除敵國勢力，肅清反叛，革除舊染（如壓制、腐敗、貪汚、苛稅、酷刑等惡政及吸鴉片等惡習），安定秩序；積極方面，當注重強化行政機關，增強工作效率，預備實施憲政，建立民權基礎。

三、接管後之經濟措施：以根絕敵人對臺民之經濟榨取，維持原有生產能力，勿使停頓衰退爲原則（其違法病民者除外），但其所得利益，應用以提高臺民生活。

四、接管後之文化設施：應增強民族意識，廓清奴化思想，普及敎育機會，提高文化水準。

五、民國一切法令，均通用於臺灣，必要時得制頒暫行法規。日本佔領時代之法令，除壓榨、箝制臺民、牴觸三民主義及民國法令者應悉予廢止外，其餘暫行有效，視事實之需要，逐漸修訂之。

六、接管後之度量衡：應將臺民現用之敵國度量衡制，換算民國之市用制及標準制，布告周知，剋期實行，並限期禁用敵國之度量衡制。

七、接管後公文書、敎科書及報紙，禁用日文。

八、地方政制：以臺灣爲省，接管時正式成立省政府。下設縣（市），就原有州、廳、支廳、郡、市改組之，街、庄改組爲鄉鎭，保甲暫仍其舊。

九、每接管一地，應儘先辦理左列各事：

(甲)接收當地官立公立各機關（包括行政、軍事、司法、敎育、財政、金融、交通、工商、農林、漁牧、礦冶、衞生、水利、警察、救濟各部門），依照民國法令分別停辦改組或維持之；但法令無規定而事實有需要之機關，得暫仍其舊。

(乙)成立縣（市）政府，改組街庄爲鄉鎭。

(丙)成立國家銀行之分支行或地方銀行。

(丁)迅釋政治犯，淸理獄囚。

(戊)廢除敵人對臺民之不良管制設施。

(己)表彰臺民革命忠烈事蹟。

(庚)嚴禁煙毒。

(辛)舉辦公敎人員短期訓練，特別注重思想與生活。

十、各機關舊有人員，除敵國人民及有違法行爲者外，暫予留用（技術人員儘量留用，雇員必要時亦得暫行留用），待遇以照舊爲原則，一面依據法令原則實施訓練、考試及銓敍。

十一、接收各機關時，對於原有之檔案、圖書、賬表、房屋、器物、資產均應妥善保管整理或使用。

## 第五　財　政

二十三、接管後，對於日本佔領時代之稅收及其他收入，除違法病民者應予廢止外，其餘均暫照舊徵收，逐漸整理改善之。專賣事業及國營事業亦同。

二十四、接管後之地方財政，中央須給予相當之補助。

二十五、接管後，暫不立預算，但應有收支報告。省政府應有緊急支付權，至會計、審計事項，應另定簡便之暫行辦法，俟秩序完全安定，成立正式預算。

## 第六　金　融

二十六、接管後，應由中央銀行發行印有臺灣地名之法幣，並規定其與日本佔領時代貨幣（以下簡稱舊幣）之兌換率及其期間。兌換期間，舊幣暫准流通，舊幣持有人應於期內按法定兌換率兌換法幣，逾期舊幣一概作廢。

二十七、敵人在臺發行之鈔票，應查明其發行額（以接管後若干日在該地市面流通者爲限），酌量規定比價，以其全部準備金及財產充作償還基金，不足時應於戰後對敵國政府要求賠償。

二十八、在對敵媾和條約內，應明訂敵國政府對於臺灣各銀行及臺灣人民所負擔之債務，須負償還責任。

二十九、日本在臺所發行之公債、公司債等，我國政府於接管後停止募集，分別清理，並責由敵方償還之。

三十、接管後，如金融上有救濟之必要時，政府應予救濟。

三十一、日本在臺所設立之公私銀行及其他金融機關，我國政府接管臺灣後，先予以監督，暫令其繼續營業，一面調查情形，予以清理、調整及改組，必要時得令其停業。

## 第七　工礦商業

三十二、敵國人民在臺灣所有之工礦、交通、農林、漁牧、商業等公司之資產權益一律接收，分別予以清理、調整或改組，但在中國對日宣戰以後，其官有公有產業移轉爲日人私有者，得視同官產公產，予以沒收。

三十三、關於工礦商業之維持、恢復及開發所需資金，由四聯總處及省政府統籌貸放，物資人力亦應預先準備。

三十四、敵人對於臺之不良管制設施廢除後，其資產及所掌握之物資，應由省政府核定處理辦法。

三十五、關於工人福利之增進，應依照法令儘可能實施之。

三十六、恢復臺灣、內地及輸出入口貿易。對於輸出入，應加管制，並計劃增加土產銷路。

三十七、工礦商業之處理經營，以實現民生主義及實業計劃爲原則，配合國家建設計劃，求其合理發展。

三十八、戰前由盟國及中立國人民經營之工礦商業，應由政府與各國政府或其業主協商處理之。

三十九、各項產業之開發資金，歡迎友邦之投資，技術上亦與友邦充分之合作。

## 第九　交通

五十二、接管後，各項交通事業（如鐵道、公路、水運、航空、郵電等），不論官營、公營、民營，應暫設一交通行政臨時總機關，統一指揮管理。

五十三、交通事業接收後，儘速恢復原狀，並須與各部門事業配合。

五十四、接管後必須補充之各種交通工具（如船舶、火車、汽車、飛機等）及器材，須預先估計、籌劃、租購或製造，尤宜注重海運工具。

五十五、接管後應分置鐵路、輕便鐵路、公路、電信、橋樑、飛機場等修復工程隊，及必要之護路警衛人員。

五十六、民營交通事業，應令繼續營業；其有產權糾紛者，由政府先行接管，依法解決。

五十七、凡公路運輸、水路運輸以及電話等器材工具之製造，可准民營者，由政府預先公布，加以保障獎勵。

## 第十　農業

五十八、敵國人民私有或與臺民合有之農林漁牧資產權益，一律接收，經調查後分別處理。

五十九、接管後，應特別注重保障農民、漁民利益，實施恢復耕作，貸給供應種籽、牲畜、農具，保護佃農各項。

六十、盟國或中立國人民在臺之工礦、交通、農林、漁牧、商業等公司之資產權益，應即予重新登記，分別處理。

## 第十一　社　會

六十一、原有人民團體，接管後一律停止活動，俟舉辦調查登記後，依據法令及實際情況加以調整，必要時得解散或重行組織之。

六十二、調査人民生命財產之傷亡損失，加以救濟。其有革命忠烈事蹟者，應特予表彰，其因參加抗日戰役而傷亡之臺民，並應予以安置或撫卹。

六十三、農民復業所需農具、牧畜、種籽、肥料、資金等之救助，城鄉住宅之修復，應輔導人民組織合作社辦理，必要時得暫用查戶取保、墊發資金物料及其他方法辦理之。

六十四、日本佔領時代之合作組織，應予以登記，逐漸依法辦理。並輔導民衆組織各種合作社，協助救濟工作，承辦物品供銷。

六十五、日人佔領時代之社會福利設施應繼續辦理，並發展之。

六十六、臺灣之習俗禮節，應爲合理之調整。

六十七、關於救濟工作，應與國際善後總署及其他救濟行政機關密切聯繫，並以工振、農振爲主。

## 第十二　糧　食

六十八、糧食應專設機構管理之。

六十九、接管後糧食之調查、登記、運銷等，應依照法令，參酌當地實際情形，分別辦理。

七十、接管後如發生糧荒現象，應由省政府轉請中央救濟之。

## 第十六　土　地

七十八、土地行政於接管後，由省政府設置機關管理之。

七十九、敵國人民私有之土地，應於接管臺灣後，調查其是否非法取得，分別收歸國有或發還臺籍原業主。

八十、前條規定以外之私有土地，其原有之土地權利憑證，在新憑證未頒發以前，經審查後，暫准有效，其權益尚未確定者，由地政機關分別查明處理之。

八十一、接管後，應卽整理地籍（原有地籍、圖册在未改訂以前暫行有效），如有散失，迅予補正。一面清理地權，調查地價，以爲實行平均地權之準備。

八十二、日本佔領時代之官有、公有土地及其應行歸公之土地，應於接管臺灣後，一律收歸國有，依照我國土地政策及法令分別處理。

（錄自中國國民黨中央黨史會庫藏史料）

台灣區生產事業管理委員會明年度各事業重要問題檢討

會議紀錄

一、時間：民國四十年十月三日下午三時

二、地點：糖業公司三樓大禮堂

三、出席：徐鼐文　徐慶鐘　單鳳標代　陳哲生

李毓九　李崇實　魏華鵾　黃朝輝

俞物恒　周茂柏　張峻　郭克悌

汪大燧　蔣廷光　楊資誠　金開英

王求定　任顯羣　周友端代　洪冲

何維凝　洪中　范澤山　李順卿

王鍾　陳尚文　顧德驥代　吳欽烈

謝惠　楊陶　楊濤　卜昂華

杜殿英　錢昌祚

四、主席：尹仲容

五、主席報告：

(一)今天邀請各事業董事長商討明年度公營事業財務及生產等問題，希望各位先生站在董事會的立場把意見和困難提出来，共謀解决。

(二)現在政府和公營事業間似乎有一種不甚協調的現象，就是政府本身收支不得抵，不能不催繳盈餘維持軍政費用，以致使各事業資金週轉困难，可是過去各事業亦多有將盈餘自行動用，不肯繳納情事，為求切实配合政府政策起見，已明令規定自明年度起，各事業營業收入不得作為資本支出，其有関資本支出部份須先擬具計劃呈報上級核准後，在美援相对基金内撥付。

(三)在各生產事業應就環境之需要，分為(1)擴充增產(2)維持現狀(3)設法緊縮等三種，各事業主管應為政府政策之執行人，不可以私人資本家之態度處理公營事業，希望董事會站在政府和事業之間，從遠處着眼，对政府政策切實配合。

(四) 各事業財務方面的困難，主要為(1)固定資產折舊(2)原生產成本(3)捐稅(4)現金週轉等問題之未能合理處理，今後當盡量設法予以解決，吳主席從前曾提出如何計算真正盈虧的問題，實為一針見血之論，而會計及財務方面均不能对此有充份之了解，殊深遺憾。上列各問題，均希望各位先生提供寶貴意見。

(五) 關於現行匯率，頗為很多人關心，亦有主張應一律改為十五元六角者，此事關係重大，實未便遽予變更，因為目前台灣全年輸入之物資，最多與美援物資相等，而美援物資係照十元三角計算，如匯率變更，其後果實不堪設想，物價之波動絕不止30%，外匯匯率與台糖關係最大，但如加調整，对公司本身並無好處，反而增加捐稅純益等等許多困難，希望為整個台灣設想。

六、發言人及要點：

(一) 台糖公司李董事長崇實

1、公營生產事業應自力更生，不應只顧自身利害增加政府困難。

2、當前公營事業之困難為財政經濟政策未能切實配合，希望財經當局能有以協調。

(二) 台紙公司李董事長毓九

1、生產事業管理及決策机構越少越好，希望只有一個，以免令出多門，無所適從。

2、公營事業要配合國策，不能違背三民主義的民生政策。

3、監察及查賬的單位太多，實在不勝應付。

(三) 造船公司周董事長茂柏：

各事業最大的困难：
1、折舊率一律定為十六年不合理，
2、原存材料作價標準不一以致影响再生產成本，
3、公营事業绝不願逃避捐税但捐税過重且不合理以致有時不得不巧变花樣。
4、週轉金缺乏為各事業最大困难，本公司業務绝無問題但做得越多，資金越没法週轉。
公营事業總希望自己能活下去，如果以上四大問題能够解决則事業当局可以减少很多責備。

（四）台灣製鹽廠何總經理繼澂：
本廠最大困难為價格問題，当前官價與再生產成本相去過遠，如價格能合理解决則其他困难均迎刃而解，所以希望：
1、本銷價格应合理調整，

2.外銷價格應注意市場變化情形而決定，如有虧損，應加補貼。

(五)工礦公司曾協理紹承：

1.各事業貸給週轉金標準不一致，似應確定。

2.各事業維持費用應否列入資本支出，應請確定。

(六)石油公司金總經理開英：

資金週轉不靈為本公司主要困難，最近連所得稅都無現金籌繳，正向稅捐稽徵處交涉，以產品抵繳，尚未解決。

(七)林產管理局李局長順卿：

本局最大困難為預繳盈餘問題。

(八)樟腦局徐局長聲文：

1.如照現在生產計劃，本省樟樹尚可維持十至十五年。

2.希望林管局多植樟樹林。

(九)財政廳周副廳長友端：

1、台灣為戰時而島，有戰時財政而無戰時經濟，政府收支不敷，只有向各事業加征捐稅，催繳盈餘，以致加深各事業困难，事非得已，本人內心亦甚痛苦，希原諒。

2、而各事業會计方面亦有問題，財政所依照預算執行各事業所編預算決算均有盈餘，財政所怎能不征稅，財廳以達到繳庫為主要目的，如果上項任務能夠達成，則对其他問題，如折舊比例等等，均可加以商量。

3、社會各界人士对公營事業的措施，也有不尽明了的，对於成本問題，本人主張宜有関各方面共同組織巡迴查賬團，加以調查，同時各事業对於材料的克难，待遇的统一，及出國人員的派遣，均應分別加以注意，更希望体諒財政的困难，对稅捐及盈餘，如期繳納，同時並應現款為原則，因為稅務机関不開百貨商店，不同意以產品抵繳。

(十)台灣銀行王總經理鍾：

1.台銀係為各方面服務，服務不週，請原諒。

2.公營事業所需週轉資金貸款以及資金來源應有統籌計劃，如需向台銀告貸，本行有無頭寸，應請考慮；即使增加發行，亦請先期通知，俾有準備。

(十一)錢常委昌祚

1.戰時財經均多困難，本會的立場固然要為各事業請話，可是又深深明瞭政府財政處境的窘迫，所以希望各事業勉為其難，為國家多供獻一點力量，至於預繳盈餘問題，不一定按月繳納，同等數字，財政當局不妨同意按其收入數字比例繳納。

2.關於外匯方面，台灣銀行在改組之初，原撥資一千餘萬美元，當前除歸還欠款外，已多出八〇〇萬元以致台幣頭寸欠缺，對各事業貸款無法增加，至於匯率因關係太大、未便調整。

(十一)杜常委殿英

1、各公營事業應依能力之所及向政府出錢、而其各項困難問題、應徹底加以檢討，希望提出具体書面建議、以便在可能範圍内謀求解決办法。

2、公營事業待遇、應統一、本身是否浪費應自己加以檢討，至於命令不一致問題、本未可以透過董事會予以統一、不過当前董事会還没有達成這項任務。

七、結論：各事業困難問題、希擬具書面意見送會、以供下次檢討之參攷。

八、散會。

絕無私圖，此志此心，任昝言鑑。用謹呼籲，向我賢明政府虔誠請命。並祈各界賢達熱烈賜助。

臺灣紙業公司三千五百名全體員工代表

王清標
程克仁
孟繁森
陳寶康

臺灣水泥公司三千名全體員工代表

周汝漢
周庚森
應瑞光
湯輝庭

臺灣工礦公司一萬七千名全體員工代表

趙捷
邱傑
趙金堂
宋光梁
林震生
史致年
陳東生
李邁先
任維均
呂之渭
鄒起盤
鄒景忠
林濤松
吳夢禎

臺灣農林公司四千名全體員工代表

祝再揚
丁心普
劉成章

郎俊
王愫潘
黎衍慶

## 五、本院經濟委員會報告中華民國全國工業總會等八團體請願書為政府將以米換購日製自行車造成本國自行車工業之災害茲建議三點請轉請政府採納一案經審查結果應成為議案案

### （一）立法院經濟委員會函

中華民國四十三年八月九日
臺經字發文第三〇五號

受文者：程序委員會

一、准　貴會本年七月二十四日（四三）程發字第七五號大函以准本院秘書處移送中華民國全國工業總會等八團體請願書為政府將以米換購日製自行車造成本國自行車工業之災害茲建議三點請轉請政府採納一案經四十六次會議決定「送請經濟委員會審查」檢附請願書及附件囑查照辦理等由

二、經提第十三會期本會第十一次全體委員會議討論並函邀經濟部部長尹仲容財政部長代表司長金克和臺灣省財政廳廳長陳漢平糧食局局長李連春建設廳代表劉永楙暨原請願人劉振鎧等列席說明各委員僉以本案關係我國自行車工業之生存發展政府主管機關意見亦不一致爰經決議「本案應成為議案提報院會」紀錄在卷

三、相應覆請

院會公決再院會討論本案時由陳委員介生補充說明

查照轉提

## (二) 中華民國全國工業總會等八團體請願書

受文者：立法院

張院長黃副院長暨立法委員諸先生賜鑒

一、本會等八團體爲糧食局將以白米換購日本自行車三萬輛進口據聞已奉准先進口五千輛此事攸關我自行車工業及其有關工業之生存特推舉士弘等代表檢同請願書趨前請願

二、鈞院關切民瘼無微不至而對於民族工業之扶植尤不遺餘力謹懇確立如下之一原則即「今後政府對任何國家之易貨貿易應本保護本國工業之原則不使本國工業遭受打擊更不可造成本國工業之災害」今就白米換購日製自行車一事言之日本獲得其必需品之白米同時又可以自行車打擊我國之自行車工業造成日製自行車在臺灣之有利乃至獨佔市場本會等八團體心所謂危尤在於上述原則之萬萬不可突破也倘今日於自行車工業開一突破之惡例則影響所及必使任何一種工業主持人失去從業之把握與信心我自由中國生產戰線之能力韌度原極脆弱其因是而不蹶蹶而能振者蓋爲邏輯上所必無之事

三、緣是本會等八團體請求

鈞院咨請政府採納下列三項建議

1. 請政府以本國自行車向農民換購白米日製自行車絕對不予進口以加强保護政策之實施

2. 請政府就全國工業總會三角貿易之建議交有關各方研討辦理倘能成爲事實應屬民生國計兩利之道

3. 如上述兩項均有困難擬請政府以白米換購日產肥料或其他必需之機器



四、以上所陳祇祈

賜詧必要時並懇召集有關各方商討解決本會等幸甚工業前途幸甚

會址：臺北市延平南路一〇一號

中華民國全國工業總會代表　彭士弘

劉振鎧

臺灣區交通器材工業同業公會代表　王淑聖

簡五朝

陳逢源

辛文蘭

臺灣省工業會代表　鍾壬壽

臺灣區機器工業同業公會代表　林挺生

張再良

臺灣區橡膠工業同業公會代表　沈雲階

許侶宗

臺灣區製革工業同業公會代表　翁瑞禮

施覺先

臺灣區塗料油漆工業同業公會代表　李超然

臺灣省脚踏車商業同業公會聯合會代表　徐紹

# 六、本院法制委員會報告審查行政院函請審議中華民國國徽國旗法草案案

## (一) 立法院法制委員會函

中華民國四十三年七月二日

臺法字第六〇六號

受文者：秘書處、

Document 4

台灣區生產事業管理委員會出售公營事業辦法檢討會議紀錄

一、時間：四十二年六月十一日上午十時

二、地點：生管會會議室

三、出席：尹仲容　錢昌祚　楊　陶　何　傳

杜殿英　黃成金　張　峻　陳勉修

劉健人　財政廳劉大柏　農林廳徐廷瑚

建設廳張騰發　經濟部田寬章　任維光

財政部陳少書　內政部劉岫青　地政局王新民

民政廳石長豐　工礦公司何　驤

農林公司陳舜耕　水泥公司徐宗涑

肥料公司湯元吉　紙業公司趙熙雍

四、主席：尹副主任委員仲容　紀錄：張　駿

五、報告事項：

行政院出售公營事業估價委員會估價工作，除由農林公司承管之公司所有森林及用地，因與林務局業務及水源有關，經省府核定予以保留，其價值由農林公司會同林產局限期查定尚待調整更正外，其餘已全部完成，其概略數字如左表：

| 公司名稱 | 卅九年度重估後資本總額 | 估價委員會估定資本淨值 |
| --- | --- | --- |
| 水泥公司 | 二四〇，〇〇〇，〇〇〇元 | 二七四，六七一，二四二，九四元 |
| 紙業公司 | 三六〇，〇〇〇，〇〇〇元 | 二〇三，五四八，二八七，八二元 |
| 肥料公司 | 一六〇，〇〇〇，〇〇〇元 | 一九一，七七一，六三九，九〇元 |
| 工礦公司 | 三五〇，〇〇〇，〇〇〇元 | 二五二，八五四，六四〇，六四元 |
| 農林公司 | 二二〇，〇〇〇，〇〇〇元 | 一八一，五四七，二二〇，三一元 |
| 共計 | 一，三三〇，〇〇〇，〇〇〇元 | 一，二〇四，三九三，五一，六一元 |

惟關於出售公營事業辦法未加討論，須奉台灣省政府指定由本會邀請有關單位共同商討，請各位先生賜示意見。

六、討論事項

(一)查工礦農林二公司之出售，行政院已決定採用分售方式，至水泥肥料紙業三公司之出售，應採用整售方式(以公司為單位)抑採用分售方式(以工廠為單位)請討論。

結論：水泥紙業肥料三公司所屬各廠產品性質相同應以公司為出售單位不應以工廠為出售單位。

(二)出售五公司股票，應以統制搭配方式抑採取自由選擇方式，請討論

結論：(1)公營事業股票由地主自由選擇，固可兼顧人民權益及興趣，但亦有左列缺點。

(A)出售耕地之地主達卅萬戶之多，辦理申請及統計等工作事實上有困難。

(B)股票之選擇，必然集中于經營成績良好及收益較多之

2

二公司以致管理上有困難。

(C)自由選擇時，消息靈通與消息閉塞之地主，机会上不平等。

故平均搭配方式較自由選擇方式簡便易行

(2)查實施耕者有其田条例，征收耕地地價，应以公營事業股票補償者為七億七千四佰萬元，現估五公司資本淨值為十二億零四佰萬元，除掉民股及法團股外，計超過補償地價價款兩億三千萬元，此兩億三千萬元股票如同時搭配將使開放民營之事業仍然雖有部份官股以致管理及經營上均有困難，故應在五公司總值中減除二億三千萬元，使補償地價總額與出售公營事業價值總額相等，則開放民營工作與股票搭配工作均可順利完成。

(3)臨時省議会郭議員秋煌曾向估價委員会建議認為在國策上或經濟上，肥料公司應保留公營，以政府在政策上

3

父須開放民營，至於官民合作，本公司根據結論第四項，同意郭議員意見，建議肥料公司不出售民營，仍由政府經營，計可減除一億九千二佰萬元，再減除政府保留茶葉公司森林土地價值四千餘萬元，約共兩億四千萬元，所差之數另行解決。如以補償地價總額超出七億七千四佰萬元時，可另以適當方法調整之。

(三)工礦農林兩公司附屬單位甚多各個單位性質不同行政院決定可以分售惟出售最小單位應如何決定以及採用何項方式出售請討論

結論：農林工礦二公司行政院雖原則上決定可以分售但在執行上則發生如討論事項(二)結論(1)所說之困難且分售時如以估價委員會已經估定農林56個單位工礦56個單位為最小單位則農業為出口工業以廠為單位技術上無法進行外銷業務更無法打開如以當前業務性質分組分售不但磚瓦廠遍佈全省無法經營而同性質不同產品之一、三工廠如欲聯合經營將有拆換之處亦多又政府對二公司採用分售不但處理時需遭受困難且多負責難故建議：

(1)工礦農林二公司股票仍與水泥肥料紙業三公司股票同時搭配俾使實施耕者有其田工作與地價補償工作同時辦理完竣但農林工礦二公司股票搭配後因其所屬單位性質不同應決定何分營道路，居時二公司股東如欲分營時政府可予協助及輔導

5

(8)如政府仍願自任分售工作則可照估價委員會已估單位分別標售中標人可用股票抵充現金惟因估價委員會所估股面價值與實際經營價值事實難免出入本會建議在未分售之前將經營價值良好之單位底價酌予提高不佳單位酌予減低(但二公司已估總值不變)使收購者互相兼顧各得其平俾分售工作能夠順利

（四）决定出售民營之五公司中其法团股份應如何處理請討論

結論：

1. 紙業公司股票有23%為糖業公司所執有如此項問題不解决則紙業公司出售民營後其一切措施仍為政府法团所左右与完全開放民營之宗旨不合

2. 糖業公司在本省当前经濟情况下应当完全為政府经营其本身更雜民股20%甚不相宜本會建議糖業公司可將所持紙業公司股票由民股交換使該公司民股逐漸減少以達到純粹公營糖業公司与紙業公司股票價值虽有不同但紙業公司股票因開放民營問題價格已升高照情勢判斷台糖民股之東必樂於交換

3. 其他出售民營之公司其有公法团股者亦應照此原則先予交換或出售至於私人法团股份可仍其舊

七、散會：十二時四十分

Document 5

(3)案由：爲中國工商協進會電送「改革現行外匯貿易管理辦法試擬」一案，報請公鑒。

說明：一、據中華民國工商協進會本年八月十六日呈略以：本會邀請出口業、進口業、外銷產品製造業及對台灣經濟實況素有研究之專家，舉行座談會，參照各方意見，擬成「改革現行外匯貿易管理辦法試擬」一種，並將實施後可以預見之現象作一說明，送請參考等由。

二、除擬存備參考，並復函致謝外，相應錄附上項試擬改革辦法及說明，報請公鑒。

決議：詳見册首決議錄

# 改革現行外匯貿易管理辦法試擬

## 甲、關於結匯證運用部份

一、公民營事業機構及出口商或匯入匯款（包括外資僑資）之收款人以貨物輸出所得外匯（糖、米、鹽除外）或收得匯入匯款，一律結售與台灣銀行，由台灣銀行發給等額之結匯證（輸出貨物之運費保險費等所需外匯，應予扣除）

二、結匯證可依照政府公布之物資預算申請進口外匯，或經核准之匯出匯款。

三、結匯證並無流通期限，可由持有人自由使用，或分割轉讓於其他進口商，或匯出匯款人。

四、結匯證之價格，由結匯證市場依供求關係決定之。

五、結匯證可向銀行抵押借款（折扣及借款期限另定）並隨時可按市價向結匯證市場兌付新台幣。

六、台灣銀行得隨時以新台幣向市場購進結匯證，或出售（糖、米、證等公營事業輸出物資所得外匯（結匯證，以維持結匯證價格之穩定。

七、台灣銀行應指定專人隨時蒐集有關結匯證之一切資料（如發行數、儲存數、抵押數）以窺知結匯證之流通情形。

乙、關於進口物資預算部份

一、進口物資預算，每年一月五日以前公佈一次，由主管機關根據過去統計，並根據進口商列報數字，精密編製，奢侈品及不必要之消費品，儘量限制進口。

二、進口物資分類，仍照台灣省政府財政廳公佈之分類表（共卅四類）規定辦理。

三、進口商申請輸入物資，隨時可附具等額之結匯證，按公佈預算數字，向主管機關申請。

四、主管機關隨時將已核准進口商之牌號及其申請物資之種類、數量金額予以公告，並同時公布各類物資預算之餘額。

五、物資預算某類物資申請滿額，即有結匯證亦不得申請，惟主管機關認為該類物資確有需要，得隨時追加其預算額，並仍按一般規定（三、四兩項辦法）辦理。

丙、關於貿易商部份

一、開放貿易商登記，凡對國際貿易有學識及經驗者，均可按規定手續，向主管機關登記，經營進口或出口業務。

二、已登記合格及陸續新登記之貿易商，其經營進口或出口業務之種類，最好限定兩三類，由貿易商登記時自由擇定，以符貿易界人士所建議之進出口專業化。

三、根據各貿易商所登記之進出口業務種類，由主管機關另訂章則，使之個別成為一種組織（如經營進口第十一類「機器及工具」則凡登記經營進口十一類「機器及工具」之貿易商，均須參加此一組織。又如經營出口第一類「鮮青果」則凡登記經營出口第一類之貿易商，均須參加此一組織）所有進口各類物資之來源、報價去路、需要量，以及出口各類物資之國際行情，底價，市場動態、均責成此項組織每月列表報告主管機關，主管機關得隨時抽查其所報各項是否屬實，並加以分析，加強聯繫，俾主管機關對於此一組織之貿易情況可以充分明瞭，決策更可正確。

丁、關於工業原料部份

一、民營生產事業所需之機器、生產工具、器材、車船或原料、種子魚苗、及改良品種動物，一律先由各工業同業公會查明數量，報請生產主管機關初審認爲可行後，再由主管物資預算機關參照進口業有各組之數字，一併彙編於每年公布之物資預算，仍由進口商按照一般物資輸入辦法，申請進口。

二、公營生產事業所需之機器及工業原料等，由各生產主管機關與貿易主管機關生產計劃及外匯頭寸專案核定。

戊、關於美援物資部份

一、美援物資之輸入，應與進口物資預算，取得密切配合，靈活運用對於工業原料，應按丁款一、二兩項數字，從寬撥配。

乙、美援供應之物資無論機器及原料，其品質應與有關方面商討，儘可能擇優良而適合台灣之需要者輸入，藉以提高台灣各種工業製成品之品質。

己、關於公營貿易機構部份

中信局與物資局應放棄與民爭利之業務，除公營生產事業所需之進口物資，以及米、鹽、糖三項出口物資，交其經營外，其他一切進出口物資，均應由民間經營，以培養民間企業家應付海外市場之能力與經驗，並使之靈活反應國際市場之變化（如羊毛人造絲之交由公營貿易機構輸入尚有財政目的，不妨逕向生產機關收取或由海關代為收取）。

本辦法實施後，可以預見者，有下列各現象：

一、現行各種不同匯率，可因結匯證市價而趨於單一。

二、僑資外資之流入，不致因台幣偏高而貶值。

三、出口因藉結匯證之靈活運用，可不致受阻而旺盛。

四、頂讓牌照之風，無形絕迹。

五、進口商雖不能坐享廉價外匯之利，然專業化及中信局與物資局之業務讓出後，正當商人反可展其抱負，大展鴻圖（中信局及物資局之「盈餘」雖不免減少，但進出口貿易及製造業務一經發達後，稅收方面，必然增加，在政府立場，所得可望多於所失）

六、進口貨因有乙款五項及丙款三項辦法，決不致暴漲，且對進口物資之統計，更一目瞭然。

七、出口貨因有丙款三項辦法，不致造成產地物價暴漲。

八、目前出口商定之「保留國外售價」漏洞，亦因丙款三項辦法而杜塞。

九、公民營生產事業進口原料之進價，均已劃一，不公平之事實既除，當可實現眞正的「對內競爭」

(8) 案由：加工組爲檢送紡織工業檢討會紀錄報請公鑒

說明：一、本會鑒於年來台灣紡織品外銷有顯著進展，爲謀爭取國際市場，對產品品質是否合乎規定價格　是否低廉以及交貨能否履行時限，均有檢討必要，經一於本月十九日一邀請紡織工業有關單位開會檢討獲致結論分請有關單位辦理。

二、特檢附上項紀錄一份，報請

公鑒

決議：　詳見冊首決議錄

# 紡織工業檢討會紀錄

時間：四十八年十月十九日上午九時半至十二時半

地點：財政部會議室

出席：東雲章

檢驗局　周天翔

物資局　武齊賢

中信局　黃其錕　林芳伯　裴元齡

王眞名

遠東紡織　徐有庠

趙志垚

六和紡織　宗仁卿

經濟部　李潮年

針織公會　王宇清

中華紡織貿易公司 張耀君
中國紡織貿易公司 彭敦仁
台灣區織布公會 馮起山
纖維公司 嚴希傑
周友端
台灣區人造纖維紡紗工業同業公會 林山鐘
陳世昌
工礦計劃組 齊世基
棉紡公會 周汶
棉布印染公會 賴清添 李代
孫文藻
俞汝鑫
中紡公司 蔣廸先
雍興紡織公司 錢健菴

織布公會　周塗樹

紡織公會　李占春

陸增元

絲織公會　吳火獅

汪光鈞

錢昌祚

趙諒公

主　　席　尹主任委員仲容

主席報告

台灣紡織品之出口，年來有顯著進展，四十七年一至九月，台灣紡織品出口金額不過美金一〇六萬八千元，四十八年一至九月之出口金額則增爲美金七七八萬六千元，計增加六七一萬八千元，增加百分比爲百分之六百二十九。增加不可謂少。但台灣本省缺乏紡織原料，紡織品外銷增加結果，紡織原料之輸入亦告增加。四十七年一至九月之紡織原料輸入（包括原棉、羊毛、絲、蔴、棉紗、棉製品及棉布等）計爲美金二五六萬六千元，四十八年一至九月之輸入額則增爲七五二萬八千元，增加進口金額亦達四九六萬二千元之多，可知外滙收入淨額增加有限。但儘管如此，外銷已在開展則爲不爭之事實。

不過出口業務與內銷不同，國際市場首重商業信用，貨品不但要求品質合乎規格及價格能夠低廉，且必須能履行合約的規定，如時交貨，否則信譽盡失，外銷市場將永遠損失，例如最近越南棉布市場，即發生交貨未能如期情事，必須及時力謀解決。

檢討內容

一、棉紡織業

(一)出口越南棉紡織品問題

1、越南之反響　我駐越南大使館經濟參事處劉參事永理爲銷越棉布未能如期交貨事，專程返國接洽，據其報告要點如次：

(1)越南一多爲僑商一方面已影響：僑商深恐台方未能如期交貨，使其遭受信譽與財物上之雙重損失。就前者言，僑商均熱愛祖國，故願承銷國貨，一年以來，國產紡織品在越南市場幾經爭取，業已建立，如不能如期交貨，則前功盡棄。

就後者言，未能如期交貨將使僑商被越南政府以二〇%之罰款。

(2)美援方面之影響：越南進口紡織品多領美援供給外匯，故前此為爭取其向台灣採購，曾與美援駐越人員多所接洽，現承美方人員幫忙，批准向台灣採購之申請，而結果未能如期交貨，不特使美援人員感覺為難，而今後之申請案件必將產生不良影響。

(3)越南當局之影響：越南紡織品以往多向法日等國進口，自我經濟訪問團訪越以後，經各方之努力，中越經濟關係乃得改進，如此次紡織品不能如期交貨，使越南政府主持經濟貿易之官員產生不良印象，則前此成果將成白費。

(4)以水災損失作為人力不可抗拒之理由，請求延期交貨，已與越方人員非正式談及，均表示不能接受，事實上水災對紡織工業並無重大影響，如越方請派公證行前來調查，將何辭以對？故此項理由似不成立。

(5)越南每年紡織品進口最少在美金二千六百萬元以上，而售價對我亦屬有利，似應特別珍惜此一市場。

2、銷越布疋之可能欠交情形

㈢

| 承辦單位 | 第一期（四十八年十二月底）可能欠交額 | 第二期（四十九年二月底）可能欠交額 | 備註 |
| --- | --- | --- | --- |
| 中信局 | 〇 | 一七六 | （均為二〇〇三印花布） |
| 中國紡織貿易公司 | 二〇〇 | 〇 | （單位：萬碼） |
| 中和紡織公司 | 二〇 | 〇 | |
| 合計 | 二二〇 | 一七六 | |

結論：

(1)由外貿會加工組會同中央信託局及各紡織廠於一、二日內舉行會議，商定各廠分攤承製辦法，務求如期如數交貨。

(2)織布業公會應立即調查各織布廠可能承織之能力，參加分攤外銷布之織造，其漿紗機設備不足，應洽紗廠借用之。

(3)倘省內紡織廠未能承擔織造，則進口布疋應付。因此而發生之虧損應專案記載，將來在分配各廠內銷棉花時予以扣回。

(二)棉紡織工業之擴充，改善及原料之供給。

結論：

1.爲配合目前紡織品外銷發展之需要，無論紡錠、布機及附屬設備均有增添之必要，洽請經濟部工礦計劃組飭各廠限期提出擴充計劃，原則上以設立一貫作業與較具規模合於經濟單位者爲優先。

2.織布廠及針織廠所需加工外銷之棉紗，尤其細紗部份，倘本地紗廠未能充分及照國際價格供應，或品質不合外銷之用，則可核結外匯採購進口，但標購時本地紗廠亦可參加投標。

3.紡織廠多採二班制開工，每班工作十一小時，工人易感疲勞，工作效率自低，應請各廠考慮採用三班制，即每班八小時，全日開工，工人工作時間較爲合理，而產量亦可增加。

(三)軍布供應問題

結論：

1、應請中央信託局迅即洽國防部改善軍布之訂製辦法，軍方應於年度開始前將全年軍布補給計劃提出，利用淡季分月預爲訂購，所需之棉花如美援軍用原棉未能配合時間上之要求，可洽請美援會在民用原棉中先行撥借。如加工費支付時間未能配合，亦可專案提出以便洽請財政部設法解決。

2、過去軍布加工係由棉花計算至棉布，以致織布廠未能承辦，此項辦法應予改變，使布廠亦可承接軍布加工業務。

六、人造棉紡業

㈠人造棉紡業目下全年約有四個月爲旺季，八個月爲淡季，淡季期中資金週轉與原料供應均感困難。

㈡人造棉紡廠經由中信局銷往韓國之人造棉紗一百二十萬磅，L／C已開來七十萬磅迄今祇交貨卅六萬磅，餘數未交，倘本批交貨情況欠佳，發生違約情事，則其餘未開到L／C之五十萬磅亦可能被韓方取消。

結論：

應促人造棉紡廠負責依約將銷韓人造棉紗一百二十萬磅如數如期交貨。外銷原料在擔保不移作內銷之原則下可予貸借。

三、絲織

(一)絲織品迄今僅少量外銷香港，其遭遇之困難為布機不合（幅寬太狹）。

(二)美國訂購織景絲料為數甚巨，原料中需用蠶絲混紡，省產蠶絲為數甚少，不敷需要，擬請准予進口。

結論：

絲織業所需外銷用之寬幅布機應協助增置，蠶絲可予進口。

四、毛紡業

毛紡業外銷已漸展開，除美國及東南亞外，韓國、中東及瑞典、西德均已逐漸建立市場，目前之困難為：

(一)資金週轉時間較長，以致原料無力充分購存，希望能由政府機構如物資局等預為儲備適量之羊毛，以應外銷之需求。

(二)染料及化工原料之退稅標準盼能訂定，餘退稅手續仍須簡化。

結論：

(五)

・染料等之退稅問題可由加工組及輸出組會同研究，或考慮在外銷專戶中另發專款代爲墊付稅款，按外帶計息，以減輕外銷廠商負擔。

五、檢驗問題

依商品檢驗法之檢驗，紡織品尚非必須強制檢驗之商品，而目前檢驗局之紡織品檢驗設備尚不具備，國家檢驗標準亦尚待中央標準局訂定，故檢驗局暫不對紡織品施以檢驗。目前擬暫先由紡織公會之檢驗中心負起外銷產品檢驗工作，經過該檢驗中心檢驗合格之紡織品，再由檢驗局發給一項「試驗報告書」以代替檢驗證書。

結論：

・應研擬一種辦法，對經常檢驗合格之某種牌號產品在一定情況下，給予免驗之待遇。

對於必須檢驗者，則照檢驗局意見由紡織公會之檢驗中心檢驗未必檢驗，而由檢驗局發給試驗報告書，其不合格者則應予以處罰

散會（十二時半）

Document 7

51年 4月 6日 時

# 財政部
# 經濟部 會稿

| 財政部 | | | 經濟部 | | | 受文者 | 事由 | 主辦部份 |
|---|---|---|---|---|---|---|---|---|
| 部長 | 政務次長 | 常務次長 | 部長 | 政務次長 | 常務次長 | 行政院 | | 經濟部 |

秘書 參事 廳長 署長 司長 處長 主任 幫辦 科長 擬稿

文號 中華民國五拾壹年四月 日 (51)財錢發第02376號

06036

文稿編號

附件

抄送

副本

機關

(本稿一式二份此稿存 部)

(51)臺字第508號

中華民國五拾壹年四月五日

判行前會章 繕發後會章

| 交繕 | 繕竣 | 校對 | 監印 | 封發 | 歸檔 |
|---|---|---|---|---|---|
| 月 日 時 | 月 日 時 | 月 日 時 | 月 日 時 | 月 日 時 | 月 日 時 |

| | | |
|---|---|---|
| 1 | 4 | 7 |
| 2 | 5 | 8 |
| 3 | 6 | 9 |

裝 訂 線

中華民國 年 月 日檔案 字第 號

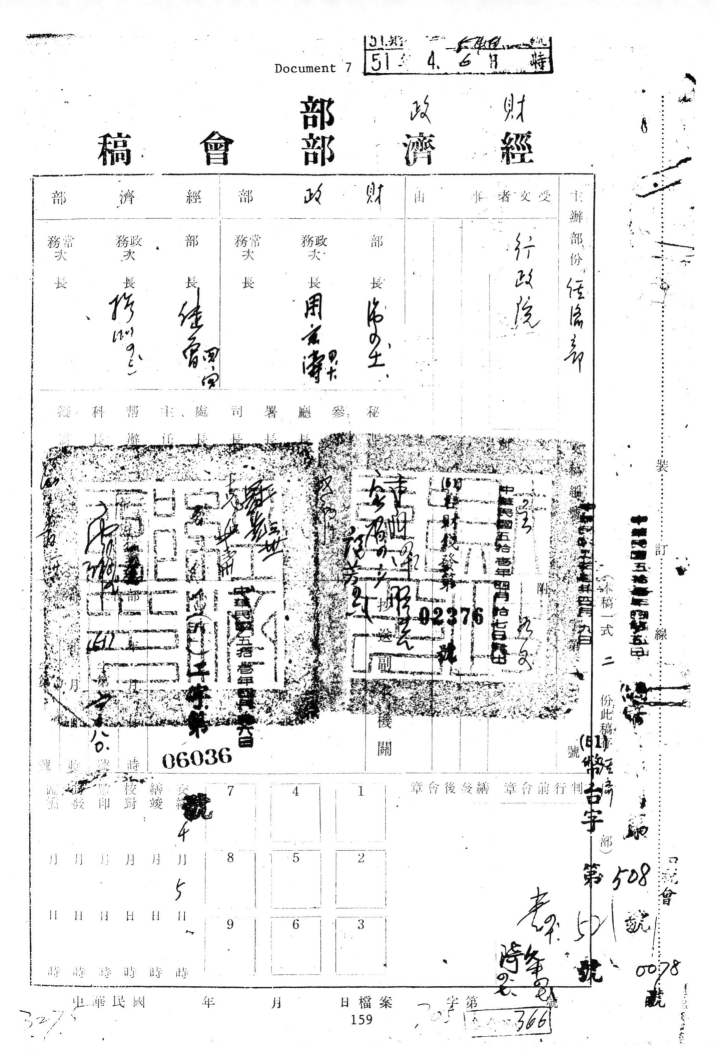

一、五十一年二月廿日台五十一經字第一一〇二號令奉悉。

二、關於監察院糾正處理唐榮鐵工廠一案，謹抄具申復書如附件，敬祈

鑒核。

仝衛部長嚴〇〇

仝衛部長楊〇〇

人。

行318 47.11. 2,000張

## 監察院糾正唐榮救濟案申復書

一、關於政府措施平時疏於輔導監督部份：

唐榮公司之財務弱點，於台銀會計師查報時曾見暴露，以其爲一民營公司，法律尚無直接採取强制干預之明文且工廠接受私人存款亦爲現行法令所許可以致祇能令飭依法經營，俾予改善。惟另一方面，經由中華開發公司派員調查研究該公司之業務財務狀況，以爲輔導參考，奈該公司之情況，惡化較速，在銀行方面未及決定辦法前，已難以支持以致形成目前之不尋常局面。查唐榮公司所以致此之主要原因，大致爲(一)資金運用不當。(二)資本結構不佳。(三)事業擴張過度，此種情形，可能不止唐榮一家，然現行公司法既無限制明文，亦無取締規定，在法律工具上殊欠完備。爲謀改善計，已在公司法修正草案增列：(一)限制資金運用之規定。(二)强制擴充設備及轉投資必須增資之規定。(三)主管機關得派員隨時檢查公司業務財務狀況及得命令糾正之規定。(四)不當經營而不改正時得令解散之規定，如此項修正可獲通過，則有法律明文可據，處理上當可有所改善。在目前暫時情況下，依照行政院五十年六月修正公佈之證券商管理辦法，證券發行公司，即股份有限公司組織之事業之業務及財務，應受主管機關之調查監督或糾正，並應遵照主管機關之命令辦理，比較上，已較以前略有法令依據，可資處理。

二、關於破壞規章逾格維護部份

1. 該公司欠繳稅捐及電費經財政部經濟部核准暫緩繳納係在該公司向銀行借款未獲協議工廠已瀕停工危機，而向行政院申請緊急援助之後純係維持生產之臨時措施且欠交電費照認利息滯納稅款照繳滯納金藉以補償其欠交滯納之損失。而待整個問題之解決

2. 年來政府為發展經濟建設，對有關積極性之鼓勵投資法令，業經分別修訂或頒佈。惟遇有尚具重建可能，及重建價值之重要事業。因一時事故，被迫停工。甚至被迫倒閉情事，究應如何使之安定改善與處理，尚無適當法令可資遵循，由於工商企業間牽此涉彼，關連廣泛，某一事業倒閉與之往來之事業均將蒙受損失，因果循環，影響經濟社會之安定秩序，不堪設想。四十九年夏秋之際，倒風頗盛工商界值經濟調整之難關已呈不安現象如任令唐榮廠倒閉勢將激盪成為重大波瀾。因此安定原有事業，即為發展經濟建設政策之重要措施，爰有重要事業救濟命令之頒佈，此項命令係對具有本命令所列各項條件之事業普遍一般適用。

3. 救濟案之目的在繼續維持生產及清償一切債務，清償債務，必須處分財產，因此必須取得對債務人事業之管理權，財產之處分權，及資產淨值估價之承認等，此種事項，不在限制債務履行範圍故在執行本救濟案時必須取得該公司之承諾，純係適法行為，俾使處理辦法得以完整實施。

4. 清償該公司債務之財源，大部份依賴處分該公司之財產所得，該公司財產龐雜，處理

費時，若干債務之清償勢需展延或分期償還之方式行之處理辦法關於欠繳電費及欠稅之處理，旨在償還方式之協調，以期維持該公司之生產，并非消滅債權。

三、關於唐榮所負中外公司行號之料款部份：

查中華開發公司組織監查小組於十二月十四日進入唐榮公司執行監查工作後，所負各中外公司行號之貨款料款商人，均聯袂而來，向監查小組坐索并分向經濟部外貿會僑委員等交涉償還，尤以外商、僑商為甚，經查所負欠款總額，匡計在壹億六千餘萬元，金額鉅大如此，力所不逮，但若不予解決，尤恐影響國際視聽及有違一貫維護僑商之本旨外商僑商等且亦一再提出願繼續與監查下之唐榮公司交易，經由中華開發公司監查小組與外商僑商磋商謀求解決辦法，擬訂償還外銷鋼筋於續訂新貨後加發十分之二，內銷鋼筋於續訂新貨後加發十分之一辦法各乙種，經濟部為維持國際信譽及解決僑商困難計，認為核屬可行，於五十年二月七日以發文經台(50)唐專字第〇一七二二號呈請 行政院核示，經於二月廿一日奉 行政院五十年二月廿一日以發文台五十經字第一〇七八號令准予備查在卷。國內部份所負公司行號料款與監查時之唐榮公司續有交易行為者，亦紛紛要求比照償還內銷鋼筋於訂貨後加發十分之一辦法償還一成貨款，迺經中華開發公司監查小組比照該辦法償還所欠貨款。但部份所負公司行號料款者，因與監查暨處理時之唐榮公司始終未發生交易行為，無法比照辦理，處理小組為謀求解決此項問題起見，乃比照處理辦法第十六條每月償還總數不超過各該戶總額二十分之一辦法，分二十個月攤還該公司產品鋼筋，鋼筋價格以當月該公司牌價計算。上述處理經過，均經債權人志願同意，并辦理在案。雖如此增資改組後之唐榮公司連同其他如電費，關稅稅捐等須償還現金之業務欠款，每月負擔總額約計玖百萬元以上，至爲沉重。

四、關於引用國家總動員法部份：

唐榮公司，以其爲目前台灣省最大鋼鐵製造廠，并有最高外銷實績，在國家經濟上，未便任令倒閉停工，復以有數千員工及數千民間債戶，在社會安寧上，亦不能不加維持，行政院基於上述政策作用，決定七項原則，交有關機關會商辦理，其要點爲：㈠清查資產，以決定救濟方案及償債方式。㈡維持營運以保障員工生活，債戶利益。并明白指定由中華開發信託公司承辦監查事宜，中華開發信託公司爲一民營事業，上項事宜，須得其承諾，始能委辦，當時唐榮公司債信已失，債戶紛起索債，糾紛時起，形勢不安，中華開發公司以債權人暫停索債爲承辦監查之先決條件，而金融業復以開發公司接受監查爲繼續墊款維持營運之貸款條件，經令唐榮公司限期與債權人自行協商，毫無結果，在此階段，祗有二途可循：㈠任令破產停工或㈡政府介入維持現狀。前者，基於上述經濟社會之因素，未便採用。後者，如政府介入維持而不能限制債權之行使，必致儘量墊款償債，亦非目前金融政策之所許。復以當時穩定幣值政策之推行結果，銀根較緊可能發生若干重要事業週轉欠靈之現象，然而現行法律，又無通常規定可資適用，於是不得不引用國家總動員法，制定重要事業救濟令，以為此類案件發生時之處理依據。唐榮公司請求救濟案既合救濟令規定情形，且有援用需要，乃予受理核辦。查重要事業救濟令所規定之辦法，近代各國已有類同之立法例。在英美各國有「Reorganization」公司重建程序」之規定，日本有「會社更生法」之制訂，其目的在防止經濟發展過程中之經營不利情事，以維持經濟發展之安定環境。我國近年來，經濟建設，亦在發展階段，經營不利情事，在所難免，但尚無上述之類同法律可資引用，於發生事端時，無通常法律可據，乃不得不援用國家總動員法，殊非理想之道，目前已提出公司法修正草案，在立法院審議中，該草案已增列公司整理一章，其規定事項大致仿照日本會社更生法之要旨，如此項修正能獲通過，對於目前欠缺情形，可有改善。

**Notes for Documents**

Documents on Wu Yunchu's Enterprises

Documents 1, 4, 5, 6, 7, 8, 9:
Shanghai shi dang'anguan, ed., *Wu Yunchu qiye shiliao* 吳蘊初企業史料 [Historical materials on Wu Yunchu's enterprises] (Beijing: Dang'an chubanshe, 1989).

Documents 2, 3:
Shanghai Municipal Archives, Tianyuan huagongchang 天原化工廠 files Q38-2-23 (September 29, 1930 and May 18, 1937).

Documents 10, 11:
Shanghai Municipal Archives, Tianyuan huagongchang 天原化工廠 files Q38-2-163. (July 1941 and December 13, 1941).

Document 12:
Shanghai Municipal Archives, Tianyuan huagongchang 天原化工廠 files Q38-2-163. (February 8, 1947).

Documents on Liu Hongsheng's Match Industry Enterprises

Documents 1, 2, 3, 4, 5, 6, 7, 8:

Shanghai shehui kexueyuan jingji yanjiusuo, ed., *Liu Hongsheng qiye shiliao* 劉鴻生企業史料 [Historical materials on Liu Hongsheng's enterprises], 3 vols., (Shanghai: Shanghai renmin chubanshe, 1981).

Documents on Rong Zongjing's Textile Enterprises

Documents 1, 2, 3, 4, 5, 6:

Shanghai shehui kexueyuan jingji yanjiusuo, ed., *Rong jia qiye shiliao* 榮家企業史料 [Historical materials on the Rong family enterprises], 2 vols., (Shanghai: Shanghai renmin chubanshe, 1962, 1979).

Documents on Chambers of Commerce and Same-Trade Associations

Document 1, 2, 3, 4, 5, 6, 7, 8:

Shanghai Municipal Archives files Q201-1-125 (1944-1946).

Document 9:

Shanghai Municipal Archives files.

Document 10:

Beijing Municipal Archives, file J71-1.

Documents on National Government Economic Agencies

Document 1:

Institute of Modern History, Academia Sinica, Quanguo jingji weiyuanhui 全國經濟委員會 file 26-01-32 (January 18, 1934).

Document 2:

Institute of Modern History, Academia Sinica, Quanguo jingji weiyuanhui 全國經濟委員會 file 26-01-(4-6) (October 22, 1934).

Documents on Taiwan's Economic Development and the ROC Government

Document 1:

Qin Xiaoyi, ed., "Guangfu Taiwan zhi choubei yu shouxiang jieshou" 光復臺灣之籌劃與受降接收 [Plans for the recovery of Taiwan, the receipt of Japanese surrender, and the takeover of Taiwan] in *Zhongguo xiandaishi shiliao congbian* 中國現代史史料叢編 [Collection of Historical Materials of Modern China], vol. 4, (Taibei: Guomindang Dangshihui, 1990), pp.86-96; 107-119.

Document 2:

Taiwan Historical Documents Commission, Taiwan qu shengchan shiye guanli weiyuanhui 臺灣區生產事業管理委員會, cat. no. 306-308 (1949-1951) (October 3, 1951).

Document 3:

*Lifayuan gongbao* 立法院公報 [Legislative Yuan Gazette] 14th session, no. 1 (August 9, 1954), 25-26.

Document 4:

Taiwan Historical Documents Commission, Taiwan qu shengchan shiye guanli weiyuanhui 臺灣區生產事業管理委員會, cat. no. 306-308 (1949-1951). (June 11, 1953).

Documents 5, 6:

Taiwan Provincial Assembly Library, Waimao shenyi weiyuanhui 外貿審議委院會, meetings no. 80, 237.

Document 7:

Institute of Modern History, Academia Sinica, Ministry of Economics Collection 經濟部, Part 1 (1949-1971).

*Harvard East Asian Monographs*
(* out-of-print)

*1. Liang Fang-chung, *The Single-Whip Method of Taxation in China*
*2. Harold C. Hinton, *The Grain Tribute System of China, 1845–1911*
3. Ellsworth C. Carlson, *The Kaiping Mines, 1877–1912*
*4. Chao Kuo-chün, *Agrarian Policies of Mainland China: A Documentary Study, 1949–1956*
*5. Edgar Snow, *Random Notes on Red China, 1936–1945*
*6. Edwin George Beal, Jr., *The Origin of Likin, 1835–1864*
7. Chao Kuo-chün, *Economic Planning and Organization in Mainland China: A Documentary Study, 1949–1957*
*8. John K. Fairbank, *Ching Documents: An Introductory Syllabus*
*9. Helen Yin and Yi-chang Yin, *Economic Statistics of Mainland China, 1949–1957*
*10. Wolfgang Franke, *The Reform and Abolition of the Traditional Chinese Examination System*
11. Albert Feuerwerker and S. Cheng, *Chinese Communist Studies of Modern Chinese History*
12. C. John Stanley, *Late Ching Finance: Hu Kuang-yung as an Innovator*
13. S. M. Meng, *The Tsungli Yamen: Its Organization and Functions*
*14. Ssu-yü Teng, *Historiography of the Taiping Rebellion*
15. Chun-Jo Liu, *Controversies in Modern Chinese Intellectual History: An Analytic Bibliography of Periodical Articles, Mainly of the May Fourth and Post–May Fourth Era*
*16. Edward J. M. Rhoads, *The Chinese Red Army, 1927–1963: An Annotated Bibliography*
17. Andrew J. Nathan, *A History of the China International Famine Relief Commission*
*18. Frank H. H. King (ed.) and Prescott Clarke, *A Research Guide to China-Coast Newspapers, 1822–1911*
19. Ellis Joffe, *Party and Army: Professionalism and Political Control in the Chinese Officer Corps, 1949–1964*
*20. Toshio G. Tsukahira, *Feudal Control in Tokugawa Japan: The Sankin Kōtai System*
21. Kwang-Ching Liu, ed., *American Missionaries in China: Papers from Harvard Seminars*
22. George Moseley, *A Sino-Soviet Cultural Frontier: The Ili Kazakh Autonomous Chou*
23. Carl F. Nathan, *Plague Prevention and Politics in Manchuria, 1910–1931*
*24. Adrian Arthur Bennett, *John Fryer: The Introduction of Western Science and Technology into Nineteenth-Century China*
25. Donald J. Friedman, *The Road from Isolation: The Campaign of the American Committee for Non-Participation in Japanese Aggression, 1938–1941*
26. Edward LeFevour, *Western Enterprise in Late Ching China: A Selective Survey of Jardine, Matheson and Company's Operations, 1842–1895*

27. Charles Neuhauser, *Third World Politics: China and the Afro-Asian People's Solidarity Organization, 1957–1967*
28. Kungtu C. Sun, assisted by Ralph W. Huenemann, *The Economic Development of Manchuria in the First Half of the Twentieth Century*
*29. Shahid Javed Burki, *A Study of Chinese Communes, 1965*
30. John Carter Vincent, *The Extraterritorial System in China: Final Phase*
31. Madeleine Chi, *China Diplomacy, 1914–1918*
*32. Clifton Jackson Phillips, *Protestant America and the Pagan World: The First Half Century of the American Board of Commissioners for Foreign Missions, 1810–1860*
33. James Pusey, *Wu Han: Attacking the Present through the Past*
34. Ying-wan Cheng, *Postal Communication in China and Its Modernization, 1860–1896*
35. Tuvia Blumenthal, *Saving in Postwar Japan*
36. Peter Frost, *The Bakumatsu Currency Crisis*
37. Stephen C. Lockwood, *Augustine Heard and Company, 1858–1862*
38. Robert R. Campbell, *James Duncan Campbell: A Memoir by His Son*
39. Jerome Alan Cohen, ed., *The Dynamics of China's Foreign Relations*
40. V. V. Vishnyakova-Akimova, *Two Years in Revolutionary China, 1925–1927,* tr. Steven L. Levine
*41. Meron Medzini, *French Policy in Japan during the Closing Years of the Tokugawa Regime*
42. Ezra Vogel, Margie Sargent, Vivienne B. Shue, Thomas Jay Mathews, and Deborah S. Davis, *The Cultural Revolution in the Provinces*
*43. Sidney A. Forsythe, *An American Missionary Community in China, 1895–1905*
*44. Benjamin I. Schwartz, ed., *Reflections on the May Fourth Movement.: A Symposium*
*45. Ching Young Choe, *The Rule of the Taewŏngun, 1864–1873: Restoration in Yi Korea*
46. W. P. J. Hall, *A Bibliographical Guide to Japanese Research on the Chinese Economy, 1958–1970*
47. Jack J. Gerson, *Horatio Nelson Lay and Sino-British Relations, 1854–1864*
48. Paul Richard Bohr, *Famine and the Missionary: Timothy Richard as Relief Administrator and Advocate of National Reform*
49. Endymion Wilkinson, *The History of Imperial China: A Research Guide*
50. Britten Dean, *China and Great Britain: The Diplomacy of Commercial Relations, 1860–1864*
51. Ellsworth C. Carlson, *The Foochow Missionaries, 1847–1880*
52. Yeh-chien Wang, *An Estimate of the Land-Tax Collection in China, 1753 and 1908*
53. Richard M. Pfeffer, *Understanding Business Contracts in China, 1949–1963*
54. Han-sheng Chuan and Richard Kraus, *Mid-Ching Rice Markets and Trade: An Essay in Price History*
55. Ranbir Vohra, *Lao She and the Chinese Revolution*
56. Liang-lin Hsiao, *China's Foreign Trade Statistics, 1864–1949*
*57. Lee-hsia Hsu Ting, *Government Control of the Press in Modern China, 1900–1949*
58. Edward W. Wagner, *The Literati Purges: Political Conflict in Early Yi Korea*
*59. Joungwon A. Kim, *Divided Korea: The Politics of Development, 1945–1972*
*60. Noriko Kamachi, John K. Fairbank, and Chūzō Ichiko, *Japanese Studies of Modern China Since 1953: A Bibliographical Guide to Historical and Social-Science Research on the Nineteenth and Twentieth Centuries, Supplementary Volume for 1953–1969*
61. Donald A. Gibbs and Yun-chen Li, *A Bibliography of Studies and Translations of Modern Chinese Literature, 1918–1942*
62. Robert H. Silin, *Leadership and Values: The Organization of Large-Scale Taiwanese Enterprises*

63. David Pong, *A Critical Guide to the Kwangtung Provincial Archives Deposited at the Public Record Office of London*
*64. Fred W. Drake, *China Charts the World: Hsu Chi-yü and His Geography of 1848*
*65. William A. Brown and Urgrunge Onon, translators and annotators, *History of the Mongolian People's Republic*
66. Edward L. Farmer, *Early Ming Government: The Evolution of Dual Capitals*
*67. Ralph C. Croizier, *Koxinga and Chinese Nationalism: History, Myth, and the Hero*
*68. William J. Tyler, tr., *The Psychological World of Natsume Sōseki*, by Doi Takeo
69. Eric Widmer, *The Russian Ecclesiastical Mission in Peking during the Eighteenth Century*
*70. Charlton M. Lewis, *Prologue to the Chinese Revolution: The Transformation of Ideas and Institutions in Hunan Province, 1891–1907*
71. Preston Torbert, *The Ch'ing Imperial Household Department: A Study of Its Organization and Principal Functions, 1662–1796*
72. Paul A. Cohen and John E. Schrecker, eds., *Reform in Nineteenth-Century China*
73. Jon Sigurdson, *Rural Industrialism in China*
74. Kang Chao, *The Development of Cotton Textile Production in China*
75. Valentin Rabe, *The Home Base of American China Missions, 1880–1920*
*76. Sarasin Viraphol, *Tribute and Profit: Sino-Siamese Trade, 1652–1853*
77. Ch'i-ch'ing Hsiao, *The Military Establishment of the Yuan Dynasty*
78. Meishi Tsai, *Contemporary Chinese Novels and Short Stories, 1949–1974: An Annotated Bibliography*
*79. Wellington K. K. Chan, *Merchants, Mandarins and Modern Enterprise in Late Ch'ing China*
80. Endymion Wilkinson, *Landlord and Labor in Late Imperial China: Case Studies from Shandong by Jing Su and Luo Lun*
*81. Barry Keenan, *The Dewey Experiment in China: Educational Reform and Political Power in the Early Republic*
*82. George A. Hayden, *Crime and Punishment in Medieval Chinese Drama: Three Judge Pao Plays*
*83. Sang-Chul Suh, *Growth and Structural Changes in the Korean Economy, 1910–1940*
84. J. W. Dower, *Empire and Aftermath: Yoshida Shigeru and the Japanese Experience, 1878–1954*
85. Martin Collcutt, *Five Mountains: The Rinzai Zen Monastic Institution in Medieval Japan*
86. Kwang Suk Kim and Michael Roemer, *Growth and Structural Transformation*
87. Anne O. Krueger, *The Developmental Role of the Foreign Sector and Aid*
*88. Edwin S. Mills and Byung-Nak Song, *Urbanization and Urban Problems*
89. Sung Hwan Ban, Pal Yong Moon, and Dwight H. Perkins, *Rural Development*
*90. Noel F. McGinn, Donald R. Snodgrass, Yung Bong Kim, Shin-Bok Kim, and Quee-Young Kim, *Education and Development in Korea*
91. Leroy P. Jones and Il SaKong, *Government, Business, and Entrepreneurship in Economic Development: The Korean Case*
92. Edward S. Mason, Dwight H. Perkins, Kwang Suk Kim, David C. Cole, Mahn Je Kim et al., *The Economic and Social Modernization of the Republic of Korea*
93. Robert Repetto, Tai Hwan Kwon, Son-Ung Kim, Dae Young Kim, John E. Sloboda, and Peter J. Donaldson, *Economic Development, Population Policy, and Demographic Transition in the Republic of Korea*
94. Parks M. Coble, Jr., *The Shanghai Capitalists and the Nationalist Government, 1927–1937*
95. Noriko Kamachi, *Reform in China: Huang Tsun-hsien and the Japanese Model*
96. Richard Wich, *Sino-Soviet Crisis Politics: A Study of Political Change and Communication*
97. Lillian M. Li, *China's Silk Trade: Traditional Industry in the Modern World, 1842–1937*

98. R. David Arkush, *Fei Xiaotong and Sociology in Revolutionary China*
*99. Kenneth Alan Grossberg, *Japan's Renaissance: The Politics of the Muromachi Bakufu*
100. James Reeve Pusey, *China and Charles Darwin*
101. Hoyt Cleveland Tillman, *Utilitarian Confucianism: Chen Liang's Challenge to Chu Hsi*
102. Thomas A. Stanley, *Ōsugi Sakae, Anarchist in Taishō Japan: The Creativity of the Ego*
103. Jonathan K. Ocko, *Bureaucratic Reform in Provincial China: Ting Jih-ch'ang in Restoration Kiangsu, 1867–1870*
104. James Reed, *The Missionary Mind and American East Asia Policy, 1911–1915*
105. Neil L. Waters, *Japan's Local Pragmatists: The Transition from Bakumatsu to Meiji in the Kawasaki Region*
106. David C. Cole and Yung Chul Park, *Financial Development in Korea, 1945–1978*
107. Roy Bahl, Chuk Kyo Kim, and Chong Kee Park, *Public Finances during the Korean Modernization Process*
108. William D. Wray, *Mitsubishi and the N.Y.K, 1870–1914: Business Strategy in the Japanese Shipping Industry*
109. Ralph William Huenemann, *The Dragon and the Iron Horse: The Economics of Railroads in China, 1876–1937*
110. Benjamin A. Elman, *From Philosophy to Philology: Intellectual and Social Aspects of Change in Late Imperial China*
111. Jane Kate Leonard, *Wei Yüan and China's Rediscovery of the Maritime World*
112. Luke S. K. Kwong, *A Mosaic of the Hundred Days:. Personalities, Politics, and Ideas of 1898*
113. John E. Wills, Jr., *Embassies and Illusions: Dutch and Portuguese Envoys to K'ang-hsi, 1666–1687*
114. Joshua A. Fogel, *Politics and Sinology: The Case of Naitō Konan (1866–1934)*
*115. Jeffrey C. Kinkley, ed., *After Mao: Chinese Literature and Society, 1978–1981*
116. C. Andrew Gerstle, *Circles of Fantasy: Convention in the Plays of Chikamatsu*
117. Andrew Gordon, *The Evolution of Labor Relations in Japan: Heavy Industry, 1853–1955*
*118. Daniel K. Gardner, *Chu Hsi and the "Ta Hsueh": Neo-Confucian Reflection on the Confucian Canon*
119. Christine Guth Kanda, *Shinzō: Hachiman Imagery and Its Development*
*120. Robert Borgen, *Sugawara no Michizane and the Early Heian Court*
121. Chang-tai Hung, *Going to the People: Chinese Intellectual and Folk Literature, 1918–1937*
*122. Michael A. Cusumano, The Japanese Automobile Industry: Technology and Management at Nissan and Toyota
123. Richard von Glahn, *The Country of Streams and Grottoes: Expansion, Settlement, and the Civilizing of the Sichuan Frontier in Song Times*
124. Steven D. Carter, *The Road to Komatsubara: A Classical Reading of the Renga Hyakuin*
125. Katherine F. Bruner, John K. Fairbank, and Richard T. Smith, *Entering China's Service: Robert Hart's Journals, 1854–1863*
126. Bob Tadashi Wakabayashi, *Anti-Foreignism and Western Learning in Early-Modern Japan: The "New Theses" of 1825*
127. Atsuko Hirai, *Individualism and Socialism: The Life and Thought of Kawai Eijirō (1891–1944)*
128. Ellen Widmer, *The Margins of Utopia: "Shui-hu hou-chuan" and the Literature of Ming Loyalism*
129. R. Kent Guy, *The Emperor's Four Treasuries: Scholars and the State in the Late Chien-lung Era*
130. Peter C. Perdue, *Exhausting the Earth: State and Peasant in Hunan, 1500–1850*
131. Susan Chan Egan, *A Latterday Confucian: Reminiscences of William Hung (1893–1980)*
132. James T. C. Liu, *China Turning Inward: Intellectual-Political Changes in the Early Twelfth Century*
133. Paul A. Cohen, *Between Tradition and Modernity: Wang T'ao and Reform in Late Ching China*

134. Kate Wildman Nakai, *Shogunal Politics: Arai Hakuseki and the Premises of Tokugawa Rule*
135. Parks M. Coble, *Facing Japan: Chinese Politics and Japanese Imperialism, 1931–1937*
136. Jon L. Saari, *Legacies of Childhood: Growing Up Chinese in a Time of Crisis, 1890–1920*
137. Susan Downing Videen, *Tales of Heichū*
138. Heinz Morioka and Miyoko Sasaki, *Rakugo: The Popular Narrative Art of Japan*
139. Joshua A. Fogel, *Nakae Ushikichi in China: The Mourning of Spirit*
140. Alexander Barton Woodside, *Vietnam and the Chinese Model.: A Comparative Study of Vietnamese and Chinese Government in the First Half of the Nineteenth Century*
141. George Elision, *Deus Destroyed: The Image of Christianity in Early Modern Japan*
142. William D. Wray, ed., *Managing Industrial Enterprise: Cases from Japan's Prewar Experience*
143. T'ung-tsu Ch'ü, *Local Government in China under the Ching*
144. Marie Anchordoguy, *Computers, Inc.: Japan's Challenge to IBM*
145. Barbara Molony, *Technology and Investment: The Prewar Japanese Chemical Industry*
146. Mary Elizabeth Berry, *Hideyoshi*
147. Laura E. Hein, *Fueling Growth: The Energy Revolution and Economic Policy in Postwar Japan*
148. Wen-hsin Yeh, *The Alienated Academy: Culture and Politics in Republican China, 1919–1937*
149. Dru C. Gladney, *Muslim Chinese: Ethnic Nationalism in the People's Republic*
150. Merle Goldman and Paul A. Cohen, eds., *Ideas Across Cultures: Essays on Chinese Thought in Honor of Benjamin L Schwartz*
151. James Polachek, *The Inner Opium War*
152. Gail Lee Bernstein, *Japanese Marxist: A Portrait of Kawakami Hajime, 1879–1946*
153. Lloyd E. Eastman, *The Abortive Revolution: China under Nationalist Rule, 1927–1937*
154. Mark Mason, *American Multinationals and Japan: The Political Economy of Japanese Capital Controls, 1899–1980*
155. Richard J. Smith, John K. Fairbank, and Katherine F. Bruner, *Robert Hart and China's Early Modernization: His Journals, 1863–1866*
156. George J. Tanabe, Jr., *Myōe the Dreamkeeper: Fantasy and Knowledge in Kamakura Buddhism*
157. William Wayne Farris, *Heavenly Warriors: The Evolution of Japan's Military, 500–1300*
158. Yu-ming Shaw, *An American Missionary in China: John Leighton Stuart and Chinese-American Relations*
159. James B. Palais, *Politics and Policy in Traditional Korea*
160. Douglas Reynolds, *China, 1898–1912: The Xinzheng Revolution and Japan*
161. Roger Thompson, *China's Local Councils in the Age of Constitutional Reform*
162. William Johnston, *The Modern Epidemic: History of Tuberculosis in Japan*
163. Constantine Nomikos Vaporis, *Breaking Barriers: Travel and the State in Early Modern Japan*
164. Irmela Hijiya-Kirschnereit, *Rituals of Self-Revelation: Shishōsetsu as Literary Genre and Socio-Cultural Phenomenon*
165. James C. Baxter, *The Meiji Unification through the Lens of Ishikawa Prefecture*
166. Thomas R. H. Havens, *Architects of Affluence: The Tsutsumi Family and the Seibu-Saison Enterprises in Twentieth-Century Japan*
167. Anthony Hood Chambers, *The Secret Window: Ideal Worlds in Tanizaki's Fiction*
168. Steven J. Ericson, *The Sound of the Whistle: Railroads and the State in Meiji Japan*
169. Andrew Edmund Goble, *Kenmu: Go-Daigo's Revolution*
170. Denise Potrzeba Lett, *In Pursuit of Status: The Making of South Korea's "New" Urban Middle Class*

171. Mimi Hall Yiengpruksawan, *Hiraizumi: Buddhist Art and Regional Politics in Twelfth-Century Japan*
172. Charles Shirō Inouye, *The Similitude of Blossoms: A Critical Biography of Izumi Kyōka (1873–1939), Japanese Novelist and Playwright*
173. Aviad E. Raz, *Riding the Black Ship: Japan and Tokyo Disneyland*
174. Deborah J. Milly, *Poverty, Equality, and Growth: The Politics of Economic Need in Postwar Japan*
175. See Heng Teow, *Japan's Cultural Policy Toward China, 1918–1931: A Comparative Perspective*
176. Michael A. Fuller, *An Introduction to Literary Chinese*
177. Frederick R. Dickinson, *War and National Reinvention: Japan in the Great War, 1914–1919*
178. John Solt, *Shredding the Tapestry of Meaning: The Poetry and Poetics of Kitasono Katue (1902–1978)*
179. Edward Pratt, *Japan's Protoindustrial Elite: The Economic Foundations of the Gōnō*
180. Atsuko Sakaki, *Recontextualizing Texts: Narrative Performance in Modern Japanese Fiction*
181. Soon-Won Park, *Colonial Industrialization and Labor in Korea: The Onoda Cement Factory*
182. JaHyun Kim Haboush and Martina Deuchler, *Culture and the State in Late Chosŏn Korea*
183. John W. Chaffee, *Branches of Heaven: A History of the Imperial Clan of Sung China*
184. Gi-Wook Shin and Michael Robinson, eds., *Colonial Modernity in Korea*
185. Nam-lin Hur, *Prayer and Play in Late Tokugawa Japan: Asakusa Sensōji and Edo Society*
186. Kristin Stapleton, *Civilizing Chengdu: Chinese Urban Reform, 1895–1937*
187. Hyung Il Pai, *Constructing "Korean" Origins: A Critical Review of Archaeology, Historiography, and Racial Myth in Korean State-Formation Theories*
188. Brian D. Ruppert, *Jewel in the Ashes: Buddha Relics and Power in Early Medieval Japan*
189. Susan Daruvala, *Zhou Zuoren and an Alternative Chinese Response to Modernity*
190. James Z. Lee, *The Political Economy of a Frontier: Southwest China, 1250–1850*
191. Kerry Smith, *A Time of Crisis: Japan, the Great Depression, and Rural Revitalization*
192. Michael Lewis, *Becoming Apart: National Power and Local Politics in Toyama, 1868–1945*
193. William C. Kirby, Man-houng Lin, James Chin Shih, and David A. Pietz, eds., *State and Economy in Republican China: A Handbook for Scholars*